文库

任时先 著

中国教育思想史

辽宁教育出版社
·沈阳·

图书在版编目（CIP）数据

中国教育思想史 / 任时先著 . -- 沈阳：辽宁教育
出版社 , 2025. 1. -- （大家学术文库）. -- ISBN 978
-7-5549-4361-8

Ⅰ . G40-092

中国国家版本馆 CIP 数据核字第 20244TX080 号

中国教育思想史

ZHONGGUO JIAOYU SIXIANGSHI

出品人：张　领

出版发行：辽宁教育出版社（地址：沈阳市和平区十一纬路 25 号　邮编：110003）

电话：024-23284410（总编室）

http://www.lep.com.cn

印　　刷：三河市三佳印刷装订有限公司

责任编辑：范美娇　吕　冰　刘代华

封面设计：格林文化

责任校对：王　静　黄　鲲　李权洲

幅面尺寸：150mm × 230mm

印　张：12

字　数：160 千字

出版时间：2025 年 1 月第 1 版

印刷时间：2025 年 1 月第 1 次印刷

书　号：ISBN 978-7-5549-4361-8

定　价：69.00 元

"大家学术文库"编者按

中国学术，昉自伏羲画卦，至周公制礼作乐而规模始备。其后，王官失守，孔子删述六经，创为私学，是为诸子百家之始。《庄子》曰："道术将为天下裂。"孔子殁后，儒分为八；墨子殁后，墨分为三。诸子周游天下，游说诸侯，皆以起衰救弊、发明学术为务，各国亦以奖励学术、招徕人才为务，遂有田齐稷下学官之设。商鞅变法，诗书燔而法令明；始皇一统，儒士坑而黔首愚，当此之时，学在官府，以吏为师，先王之学，不绝如缕。至汉高以匹夫起自草泽，诛暴秦，解倒悬，中国学术始获一线生机。其后，汉惠废挟书之律，民间藏书重见天日。孝武之世，董子献"罢黜百家，表彰六经"之策，定六经于一尊。其后，虽有今古之分、儒释之争、汉宋之异、道学心学之别、义理考据之殊，而六经独尊之势，未曾移也。

及鸦片战起，国门洞开，欧风美雨，遍于中夏，诚"三千年未有之变局"。当此之时，国人震于列强之船坚炮利，思有以自强；又羡于西人之政教修明，思有以自效。于是有"变法守旧之争""革命改良之争""排满保皇之争"，而我国固有之学术传统，亦因之而起变化。清季罢科举而六经独尊之势薨，蔡子民废读经而六经独尊之势衰。当此之时，立论有信古、疑古、释古之别，学派有"古史辨"与"学衡"之争，学说有"文学革命""思想革命""文字革命""伦理革命"诸说，师法有"师俄""师日""师西"之分，众说纷纭，莫衷一是，百家争鸣，复见于近代。

民国诸家，为阐明道术、解救时弊，著书立说、授课讲学，其学术思想，历久弥新，至今熠熠生辉，予人启迪。然近人著作，汗牛充栋，多如恒河之沙，使人难免望书兴叹，不知从何下手，穷其一生，亦难以尽读。因此之故，我们特精选最具代表性之近人著作，依次出版，俾读者略窥学术门墙，得进学之阶。此次选辑出版，虽未能穷尽近人学术之精品，难免有遗珠之憾；然能示人以门径，使人借此以知近人学术规模之宏大、体系之完密，亦不失我们编辑出版"大家学术文库"之初衷。

此次出版，为适应今人阅读习惯，提升丛书品质，我们特对所选书籍做了必要之编辑加工，约有如下诸端：

一、改繁体竖排为简体横排；

二、修正淘汰字、异体字，规范标点符号用法，为一些书加新式标点；

三、校改原稿印刷产生之错字、别字、衍字、脱字；

四、凡遇同一书稿中同一人名有两种及以上不同写法者，一律统改为常用写法。

除以上所举四点之外，其余一仍其旧，力求完整保持各书原貌。

然限于编者之有限学力，书中疏漏之处，在所难免，尚祈广大方家、读者诸君不吝批评斧正。

编　者

二〇二四年三月

自　序

　　这本书，是我研究中国教育问题而写成的第一部著作；本来教育问题的范围很广。当然不仅限于思想史方面，不过我认为凡研究一个问题，必先从他的思想史方面入手，然后及于实际的领域。因此，研究中国教育问题，最低限度亦先要将二千数百年来教育思想发展的情况弄明白。我写这本书的目的，就是想在这悠久的教育思想史的演进中，得出解决中国教育问题的途径。这是我写这本书的远因。

　　在目前我国出版界中很难有一本系统的整个的中国教育思想史的著作。而我往昔研究的时候，深觉无书可读的苦难，因而只好广征博览，紧要之处，录之成笔记。四年以来，由原始时代以至于今，搜集的材料实不少。今年藉养病机会，开始握笔，经时数月，本书即已脱稿。虽然不敢说是："必古人所未及就，后世之所不无，而后为之。"顾亭林论著书之难见《日知录》。但站在发扬我国固有文化的立场上，作系统的整理，亦有必要。这说我写这本书的近因。

　　书成，分送各师友求正，在短期中得到许多意见，这是我十分感谢的。

任时先于成都

中华民国二十五年十二月

目　录

第一章

绪　论

第一节　何谓教育思想

要明白何谓教育思想，必先理解何谓思想。思想是什么呢？有人称为心意的作用，这种解释似不尽善；因为，人的心意何以能生感觉作用呢？必然是受有外界事物的影响，才能生感觉作用的。因此，我认为：凡一件事物通过人的头脑所发生一种正反的观念，就谓之思想。譬如一个人见着天上起云，即知道有雨，这个"即知道有雨"的观念，就是思想。准此，我们可得一个公式如下：

天上起云　　人的头脑　　知道有雨
（物象）　　　（经过）　　（生的观念）

不过，天上起云，不必一定下雨，这样就成相反的思想了。有人说"有头脑的人，都能思想"，这个说法虽有些武断，但道理是能成立的。我进一步的说，人有头脑不但就有思想，而且人的思想还有精粗文野之别。文明民族的人，思想多精细敏捷，对于宇宙间的一切演变，可以分析之，推测。蛮野未开化的人则不然，思想多粗野迟钝，这确是颠扑不破的道理。

根据上文的道理再加以推论，则在思想的性质上，可分为经验的科学的两种。经验的思想，含有习惯的性质。有这种思想的人对于一切事物的变化，只知其然，而不知其所以然。科学思想的长处，在能分析事物，穷究其所以然的道理，这种思想是非学不能的。由此，我们就要问教育思想属于经验的还是科学的呢？当然是属于科学思想领域。

所谓教育思想，即是教育上的一种哲学主张。根据主张就能产生一种制度或政策，换句话说，就是能规划出来一种实践的方法。由此看来，教育家必须富有科学思想，有了思想，然后规划出教育方案，再由方案而入于实践。这是教育推行中必具有的程序，同时亦是教育家应有的修养。

第二节　教育思想与民生史观

孙中山先生说："民生是社会的重心，社会进化又是历史的重心，归结到历史的重心是民生。"《中山全集》。这几句话的意义就是说明：在整个社会发展的程序上，其演进的重心，当为生活关系；凡经济、政治、法制、文化诸形态，皆随着这个生活关系的变更而变更。此即孙先生昌明的"民生史观"的来源。

教育思想在整个社会的有机体的组织中，他是意识形态重要者之一。据"民生史观"的解释，他的存在与演进亦决定于某一时的生活关系。譬如在原始时代，人民的生活关系是"各尽所能，各取所需"。其形式是自由的、自然地，毫不受任何的拘羁。当时的教育即以生活习惯为其本质，他的内容不外是获得生活资料的"实用教育"及安慰精神的"宗教教育"；前者如制造渔猎战争器具的技能，后者如风俗习惯仪式的传授。继后人类的生活关系渐进步，私有财产制渐渐萌芽，阶层成立，社会经济组织亦发生变更，于是便需要种种意识形态来控制被压迫的人，保障当时特权者的利益。教育内容亦由"实用教育"变为造就统治人才的"治术教育"，修身、明德、尊君的"礼仪教育"了。这时维护宗法社会的道德教育思想，亦随实际的需要而产生，并成为封建社会教育上的金科玉律。

在资本主义社会中，所需要的文化教育，当然不是封建时代的那一套。资本主义本身的发展需用科学知识，新有的技能，健全的劳力，扩充并保障市场的军备，于是在教育方面即有"公民教育""科举教育""军国民教育""职业教育"等之提倡。总之，资本主义社会的教育思想全是人民生活关系的反映。封建社会里的教育思想与资本主义社会里的教育思想其所以不同，亦正是在两个经济组织极端相反的领域中，人民生活关系不同的原因。

以"民生史观"的解释，不但历史的重心是民生，而且社会意识形态的存在与演变亦是决定于民生的，这是研究历史科学者必须有的基本认识。所以我亦肯定说："研究教育思想史必须懂得孙中山先生的民生史观，并且还要能够实际运用。"

第三节　教育思想上的个人主义

古时代的教育思想都是个人主义的，由个人主义出发的教育思想以及所产生的制度，都是为个人利益的。我国荀子的教育思想最能代表个人主义。他说："学恶乎始？恶乎终？曰其数则始乎诵经，终乎读礼；其义则始乎为士，终乎为圣人。"《荀子·劝学篇》。又说："君子之学也，以美其身。"《荀子·劝学篇》。西欧学者如苏格拉底说的："教育之目的，是在矫正错误，寻求真理。"美琪著《西洋教育史大纲》。柏拉图说的："教育是使身心达到他们可以达到的完满。"美琪著《西洋教育史大纲》。亚里斯多德说的："教育的真目的是要借完善的功德去求快乐。"瞿世英编《西洋教育思想史》。夸美纽斯说的："教育是全人的发展。"瞿世英编《西洋教育思想史》。陆克说的："教育之目的是要养成一个健全的身心。"瞿世英编《西洋教育思想史》。我们可以看出自苏格拉底直至陆克这一派人的教育思想，都是一贯的个人主义。但个人主义确盛行于十八世纪，而以卢梭为代表。卢梭主张"任自然"，人应有绝对的自由权，不应受社会组织的任何束缚，使人能够有丰富之发展。这种顺应"自然"的个人主义教育思想，在十八世纪的欧洲是很有权威的。其唯一意义，不能教人生活去适应环境，而且教人如何使用"天赋自由"，从恶劣的环境中，求生活的解放，同时个人的行为，决不受政治、法律、道德之拘束。

第四节　教育思想上的社会主义

人是不能脱离社会单独可以生活的，在生活关系复杂的时候，人与社会的关系更为重要。古时人在理论上虽然忽视了社会关系的重要，但事实的演进，一至微之事，与社会仍不能脱离。如果真与社会脱离关系，即有经天动地之才，崇高伟大之修养，亦会失去其作用与意义的。所以教育的意义不仅在修身养性，且须使受教的人知道合作、互助、服务、养成团体生活为公牺牲的美德，所学的知识亦应该与现实生活相适合。因之，教育的目的，不仅在使受学的人成为科学家、哲学家、文学家，并须使他成为参加社会活动的分子，能够运用自己的学力，改造社会，努力于国家民族之发展。如此，乃不失其社会之意义。

人类的生活是不停的进化，教育思想亦应随人的生活关系进化而转变。十八世纪末叶的人类生活关系显明的趋向于社会化，于是以个人主义为中心的教育思想逐渐崩溃，自然地转变到社会主义方面。如裴斯搭洛齐说的"教育的意义是使所有的能力为自然的，进步的，有系统的发展"。吴康译《近代教育史》（F. P. Granes：A History of Education in modern Times）。福录久尔说的："教育之目的在于真实的、纯洁的、神圣之生命的实现。"吴康译《近代教育史》（F. P. Granes：A History of Education in modern Times）。赫尔巴特说的："教育之目的在产出平衡多面的趣味。"刘炳黎著《近代教育思想》。主张明显而发挥群尽的学者，首推美国杜威。他说："学校本来是一种社会建设，教育既是一种社会的程序，学校不过是一种群居生活的一种型相，所有可使儿童分受种所传来的文物的资产，并且使他为社会运用的能力最有效的主动力，都聚集在学校里。所以教育是生活的一种程序，不是为将来生活的一种预备。"刘炳黎著《近代教育思想》。最近许多教育家为使教育能够尽量发挥它的功效，使今人的生活能适应现时的非常环境，更积极主张教育社会化。姜琦先生说："……而且必须把学校与社会完全地打成一片，使两者不分什么界限，做到一种真正的所谓'教育生产化''学校社会化''学习劳动化''知识技术化'"等等。这当然是现实的生活环境所发生需要的缘故。

第五节 教育思想与教育制度

凡是一个问题入于实际研究的时候，则先必经过历史与思想两程序，我想研究任何问题，非依照这程序不可。教育制度之研究，亦就是教育实际问题之研究，因而必先从教育思想的历史发展研究起，这亦是一定的程序。教育制度固能影响教育思想，但是在教育制度未成立前，必先有其思想之酝酿，等到思想由酝酿经过一定时期成为系统落于实际的时候，制度始根据思想之轨辙而产生。所以研究教育制度，有先研究教育思想的必要。

自然，一种思想的发展亦不一定立刻表现于实际，即是说不能一定成为制度，但是对于制度之产生仍有影响的，更不能因此便否认上述的定理。现今一般教育行政者见于教育思想与教育制度之欠调和，便有研究教育制度不一定要先研究教育思想这一严重的错误认识。并以为教育行政者是在朝的官，责任只在执行教育的方案与法令，教育家是在野的民，责任在研究教育思想，其间好像有种不可调和的深沟，这实是现时教育推进中最严重的阻力。严格说来，教育行政者的责任，自然是在执行教育方案与法令以及考核教育的实效，但亦应有研究教育思想的必要。对教育思想没有研究的人，是不能任教育行政长官的。目前中国教育舞台上的官，大多数只能说是些文人，恐怕教育思想是什么东西，都不知道，可不是笑话吗？

第二章

中国教育思想史概论

第一节　中国教育思想史的分期

教育思想是随着社会生活关系而变迁的，因之中国教育思想史的分期，亦应以社会生活的演进程序为基准。现为便利研究计，姑且分成九时代。第九时代中，又分成五期。

第一时代　原始社会

第二时代　周

第三时代　春秋战国

第四时代　秦汉

第五时代　魏晋南北朝

第六时代　隋唐

第七时代　宋元明

第八时代　清鸦片战争以前止。

第九时代　近代

第二节　中国教育思想与社会生活的关系

中国历史究竟始于何时？这是个争论未决的问题，不过我以为自商代始，较为正确。商代以前为氏族部落时代，尧、舜、禹、汤都是后来的人为要"托古改制"而所拟的标准模范人，如韩非说："孔子、墨子俱道尧、舜而取舍不同，皆自谓真尧、舜，尧、舜不复生，将谁使儒墨之诚乎？"《韩非子·显学篇》。王船山亦说："唐虞以前，无得而详矣。然衣裳未正，五品未清，婚姻未别，丧祭未修，狉狉榛榛，人之异于禽兽无几也。若夫三代之季，犹历历可征焉。"王著《读通鉴论》第二十卷论魏征之《折封德彝录》。可见认尧、舜诸人为后世伪造，当不自今日始。我编《中国教育思想史》亦自商朝起，商以前的仍不割弃，统括于原始时代中。

商代及商以前均为氏族社会，这是史家已经给我们肯定了的。当时社会生活形式简单，文化未生，教育思想完全包含于人民实际生活习惯中。及至东周时期，封建制度成立，社会生活进化，文化显有发展，《诗》《书》《易》《礼》遂成为代表那时的文化集团，所谓教育思想亦不过是"化民成俗"的道德教育与"明人伦、知礼义"的礼义教育而已。自春秋、战国至清末，儒、墨、道三教虽互有消长，但教育思想始终脱不了儒家的圈子而支配中国二千多年的历史。近百余年，西洋的科学文明输入中国，社会生活起了很大的变更，赛、德两先生的精神冲破了儒家思想的壁垒，于是整个社会意识形态起了变动，以西洋科学为主体的新教育思想，便应运而生。兹将中国教育思想与社会生活关系，列成下表：

时代	社会生活关系	文化反映	教育思想
西周以前	原始的自然经济		以生活习惯为主要内容
周代	初期的农业生活	诗、书、易、礼的文化集团	礼义教育思想与道德教育思想
春秋战国至清末	封建的农业经济	儒、墨、道三教	儒家的人文主义教育思想
近代	半封建的生活关系	科学与民生	半殖民地的教育思想即是中西交混的教育思想

第三节　研究中国教育思想史的目的及其方法

吾人研究中国教育思想史，其目的有下列几点：

一、明了中国二千多年来教育思想演进的整个动向。

二、求得中国每时代的教育思想产生的原因及其在实际上发生的效果与对后来的影响。

三、精考教育思想的演变与"民生史观"的关系。

四、根据已逝的教育思想史迹，求得现今教育思想的趋向，教育制度的来源，并推测将来教育发展应有的途径。

五、准乎历史上研究的所得，可以体察目前中国教育之实况，而得改造之方针。

研究中国教育思想的发展，需用科学的方法。所谓科学方法的研究是什么呢？我以为不外：

一、搜集材料。

二、辨别材料；材料有真有伪，真实的才可使用。

三、选择材料；先加选择，以其重要精详者为主。

四、材料经过辨别选择以后，再用分析与综合的方法加以系统的整理。

五、研究每一时代教育思想的产生与变动，必先分析当时的社会生活关系，以求其产生的背景与变动的原因。

六、先由一时代个人的局部的研究，然后归结成为一时代整个的全部的研究。

第四节　研究中国教育思想史的着眼点

中国教育思想应以儒家思想为其正统，二千多年来无论在理论上事实上都是如此的。儒家思想之所以能统治我国社会二千多年，正因他的思想是合于中国社会发展的轨辙与需要的，其思想本身亦具有存在的历史价值。我们如果忽视这点，于认识我国文化上将有个不可挽救的错误。一般论者以为秦始皇焚书坑儒是儒家思想的破坏，自后儒学颇受影响，这是如何肤浅错误的观察！老实说秦皇、李斯行统一之政完全是以儒家思想为其最高基准的，一切政令法度丝毫未离孔、孟之道。参阅本书第六章。魏、晋以后，佛老思想最有权威，然亦不能夺儒家之席。参阅本书第七章。近百年来我国社会生活变化至剧，教育思想曾有一时的冲动转变，可是儒家思想的领导地位仍然巩固如初。晚近孙中山先生以三民主义继其正统，集中国教育思想之大成。近来因社会生活的统一化、安定化、更形成一个完密庞大的体系，支配着整个中国的思想。不过这个思想能否继存与光大，又全系于中华民族的兴盛。而中华民族的兴盛实有赖于民族复兴战线上的全体国民的努力。因此，三民主义思想之光大与民族的前途发展是"相依为命""互为因果"的。正如儒家思想不能行于孔、孟生时的春秋、战国，而行于秦皇、李斯统治下的秦朝。

儒家的政治思想是仁义，教育思想是人文主义。儒家思想既是封建社会中的经典，则中国数千年封建社会中的教育思想当亦不能出人文主义之外，这是必然的。试问春秋、战国以后，那一时代的教育思想不是以人格的修养德性的陶冶为主呢？不特中国如此，即在古代的西洋苏格拉底、柏拉图、亚里斯多德诸学者的人文主义，西洋人文主义虽盛行于文艺复兴后但最先起源在希腊。又何尝不是支配了欧洲上古、中古、近古的教育思想呢？如此说来，东西洋的人文主义教育思想同是在一个时空间内顺应他客观需要而演进的。所不同的，西洋人文主义遇着自然主义物质。早起转变，变化的速，东洋的人文主义遇着自然主义物质。迟起转变，变化的慢，因是有先后的差别。论者以儒家的人文主义思想忽视现实相责议，其实在同一时间中，忽视现实的岂是孔、孟？老实说封建社会里所需要的文明正是精神的建设，物质建设的需求那倒是产业革命后的事。目前我国所需要的是精神物质两方面的同时发展，教育的建设亦应注意于人文主义与自然主义的并行，这个见解想来是不会错的。

近代中国教育思想的发展，无疑的归宿于三民主义的哲学上，关于这点理由，已在总结一章中说明了的。三民主义在中国文化史上不特具有继往开来的价值，而且他的本身就具有非本质——固有道德精神。与本质——民生物质。两部分。有这两质的推演，遂定了近代中国的文化基础，同时亦成为中国的建设方针。从此推论下去，我觉得建设今后的新国家，决不是精神物质单独的发展可济于事的，两者必须齐头并进，同时教育的建设亦应以此为准则。如果单注重儒家的人文主义，精神。则必陷于传统的流弊，如只注视西洋的自然主义，物质。恐怕又要蹈欧、美资本主义国家教育的覆辙。因此，我认定根据三民主义哲学而产生的民族教育思想与生产教育思想，是再正确没有的。如有超出此两种思想以外的理论，无论如何，我总以为不必要，徒使混乱思想而已。

其次，我们还要知道三民主义教育思想与儒家教育思想有何关系。明白了这点，然后才能知道三民主义教育思想为什么是继承中国固有文化而发展的。

儒家思想最紧要的部分，便是人类精神道德的建设。建设之具体目标亦就是"忠孝"二字。其程序为从修身齐家一直做到治国平天下，以实现天下为公的大同世界为目的。国家的首要是君，凡是做人臣者都应尽忠的拥戴，这个国才有治平的希望。家庭的首要是父，凡为人子者都应孝顺，这个家才能齐。由忠孝再推而及于"父慈、兄良、弟悌、夫义、妇听、长惠、幼顺、君仁"，《礼记·礼运篇》。那是很容易的。从此，我们知道儒家的旧道德正是求中的折衷原理。孙先生民族主义中的恢复固有道德——忠、孝、仁、爱、信、义、和平，实等于儒家的中和思想。

儒家的政治思想实脱不了一个"中庸"的中字。臣封君自然要忠，可是君封臣亦应该仁。并为防止君权的无限制扩大，于是又提出"民贵君轻"的民本主义以抑制君权。在权责上主张"不在其位，不谋其政"与"贤者宜在高位"。这些意见与孙先生民权主义中的真平等明明相合。

儒家思想虽然超重于精神道德，可是对人民物质生活的改善并未忽视。认定社会经济的发展最重于均平；因为，均平便能安，所以孔子说："不患寡而患不均；不患贫而患不安。"这种意义与孙先生民生主义中的"平均地权，节制资本"有何区别。

社会进化是以民生为中心的，举凡文物制度的演变，都不能脱离民生的关系。教育思想亦是社会意识形态之一，其演变的因素及其趋向，当以民主的动向为主，所以我们研究教育思想史，实在不能不尊重这个法则。我国春秋、战国、魏、晋、隋、唐以及近代教育思想的转变，关系于民生的发展至巨。如果不能把握这个法则，那是不能理解每一时代教育思想转变的原因的。

第三章

原始时代（西周以前）的教育与文化

第一节　原始人的生活习惯与社会组织

　　人类社会的进化是以民生的发展为根据的，民生的发展，又是以人民生活中所使用的工具的进步为转移。这是近世史学家所公认的道理。中国原始时代人民的生活，全与禽兽无异，正是"太古之民穴居野处，与物相友，遂捕禽兽，茹毛饮血"王桐龄著《中国史》。的形态。至伏羲氏乃作网罟教民捕鱼，后又叫民养牲畜以充庖厨，可见其进步阶段实由渔猎时代渐进于畜牧时代。这时人民生活所用的工具，显然的只有利用自然物力，主要的材料不外石器树干青铜器等。原始人的伦常观念是男女无别，与禽兽离处，知有母而不知有父，知有爱而不知有礼，正如"昔太古尝无君矣，其民聚生群处，知母不知父，无亲戚夫妻男女之别"。王桐龄著《中国史》。这种社会显明的是人民如禽兽般的群居生活而以母性为中心的氏族制，在中国历史的商及商以前都属于这时代。后来生活工具由铜器进步到铁器，生活方式始由畜牧而进至农业，于是以母性为中心的氏族社会便转变成以男子为中心的家族制，同时私有制成立，国家组织的初步形式亦于此时出现。这里可以证明家族并非起于唐虞，却是产生于农业生活时间，男子势力胜过女子的时候。

第二节　神怪的天道思想

古人因文化未开，思想幼稚，对于四周的大自然现象，无论大小，均不能了解，遂由敬畏而服从。因对自然现象之不可思议，遂归之神，神之一字，就成为当时人民对自然界唯一解释的标准，所以神怪的思想笼罩着古时整个人类。今人所谓的顺适自然，正如古人的一切人间幸福灾祸均属天命，就是把自然现象认作神怪的缘故。

古时的人不但认自然现象为神，而且见着吹风下雨以及日月之出入，星云电雷之变化，地上万物的生长，均出之于天，因而认天为一切自然现象之主。天道思想亦为自然思想之总和，在古时人的脑海中特别浓厚。这种思想一直到科学昌明，人对自然现象有相当方法加以解释以后，始能渐次消灭。由此看来，天道思想在原始社会不特具有很大之势力，即到后来，依然存在，如董仲舒说的"人受命于天，故超然易于群生"，《春秋繁露》。周敦颐说的"士希贤，贤希圣，圣希天"。周著《通书·志学篇》。

原始时代的人，认天是个庞大的物体，即体质上的解释。如《诗经·王风·黍离篇》所谓的"悠悠苍天"，《秦风·黄鸟篇》所谓的"彼苍者天"是也。因对天所发作的一切现象不可解，又敬畏他，更认天不特是有形的东西，并且是有知觉的，即是有机物体。所以天为万物之主宰，而人亦为天生。《诗经》上说："天生蒸民。"《礼记》上说："万物本乎天。"天有权主宰万物，所以《诗经·大雅·皇矣篇》有谓："皇矣上帝，临下有赫。"《书经·秦誓》曰："天视自我民视，天听自我民听。"这些都是古人将无形的天认为有形的天，将无活力的天认为有活力的天，唯一有力的证据。

然则天道思想与当时的教育有何关系呢？因为，古时的人既认天为神，其势力伟大，可以主宰万物，则人类之善恶祸福，皆出之于天。当时既无文物制度法律规约以维持人类程序，评判人之善恶，其权操之天，所以有"顺天者存，逆天者亡"的话。为善的人可以得天保佑，为恶的人，天必降罪。使人能从大自然的环境中，由生活习惯得出经验，知道天是人类生活的准则，合乎天道的即不失败，顺乎天意的即不致受罪。因此，我认为原始时代之神怪的天道思想，就是当时的教育思想，所谓"宗教教育"的意义正是从此发展出来的。不特这个时期的教育思想如是，即到了春秋、战国、儒家学者对于天道思想，仍引用于教育上，如子思所说的："天命之谓性，率性支之谓道，修道之谓教。"《中庸》。不过这时候儒家思想中的天，较原始时代的解释更有意义。

第三节　生活习惯教育之解释

在上文已经指出原始人的畏天敬天的观念为当时自然思想的总和。这里要说的是原始人之生活习惯在教育上究有何作用？原始人的生活习惯，在前文已经说明是"穴居野处，茹毛饮血，与物为友""男女无别，与禽兽杂处，知有母不知有父，知有爱而不知有礼"。同时社会组织亦很简单，只是一种以母性为中心的群居制，在此种情况之下，何能有正式教育？更何有教育思想？所谓教育不过是一种生活习惯而已。当时的人，饥则思食，食饱则"鼓腹而游"，渴则思饮，渴止则跳。刘炳离先生所分的原始时代教育之三阶段刘著《教育史大纲》。与养卫之关系。列表如左：

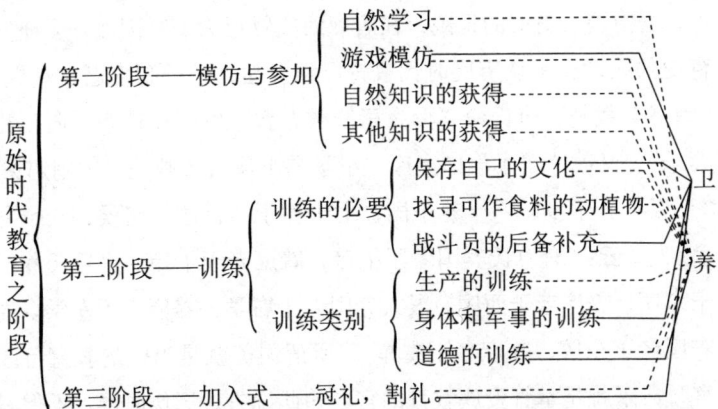

原始时代教育之阶段

第一阶段——模仿与参加——自然学习／游戏模仿／自然知识的获得／其他知识的获得

第二阶段——训练——训练的必要——保存自己的文化／找寻可作食料的动植物／战斗员的后备补充；训练类别——生产的训练／身体和军事的训练／道德的训练

第三阶段——加入式——冠礼，割礼

卫　养

第四节　原始时代教育的特点

原始时代的教育，因无确实史籍作考证。知之不详，研究起来亦比较困难。但从后代学者所作的书中，择其真确之材料，以印证原始人民生活之情况，细加推究，可得下列的特点：

（一）以迷信施教——所谓的天与神——为原始时代教育之第一特点。如《易经·蒙卦》的彖辞"匪我求童蒙，童蒙求我。告初筮，再三渎，渎则不告"。又如《易传》上的"观天之神道而四时不忒，圣人以神道设教而天下服"。这里的圣人，即是稍有经验能力的大人，并非是后世所称的圣人。郭沫若著《中国古代社会研究》。

（二）以生活习惯的经验施教，为原始时代教育之第二特点。

（三）生活状态作教育之课程，为原始时代教育之第三特点。

（四）学校无定所，山川旷野即是当时学校的所在。随时随地于生活、战争、娱乐中寓施教之意，为原始时代之教育第四特点。

（五）教育无专人担任，集团中的长老，即是当时的教育长官，为原始时代教育之第五特点。

第五节　对三代教育制度之质疑

据中国旧史书的记载，在唐虞时文物已大备。因而许多研究教育史的人，亦承认唐虞时代教育已很发达，学校制度已大具规模。《尚书》载陶、唐氏命"契为司徒敷五教，伯夷作秩宗，典三礼夔典乐"。又载"建太学曰上庠，小学曰下庠"，《戴礼·内则篇》说："凡五十养于乡，六十养于国，七十养于学，达于诸侯，八十拜君命。"又云："有虞氏养国老于上庠，着庶老于下庠。夏后氏养国老于东序，养庶老于西序。殷人养国老于右学，养庶老于左学。周人养国老于东胶，养庶老于虞庠。"所谓司徒就是当时的教育行政长官，典乐就是掌管贵族教育的官。如此说去，三代时候，不但有学校教育，而且有贵族教育与平民教育之分。以上是属于教育行政系统部分。所谓太学，右学当是大学校，小学、西序、左学当是小学校。国老养于大学校，庶老养于小学校。国老庶老，无非经验知识高低之不同，等于今日大学教授与小学教师，其为国家教育人才则一。这是属于学校制度部分。所谓礼、乐当然是教学科目，使生徒明五伦之教。这是属于学校课程部分。

若就上述的教育行政官制学校制度、学校课程三面来看，三代教育显然大备无疑。但是以我的考证，就发生不少可疑的地方。文字之发生尚在商，完备之教育制度何能产生于文字发生以前。即使有之，又何以知道如此详细。如谓有史籍可考，则正确的史籍决不能产于文字产生以前，甲骨文的考证，就是有力的证明。这是第一点的可疑。三代的人民生活尚停滞于牧畜及最简单的种植中，社会关系尚属于以母性为中心的氏族期，当时的文明只能说是已经蒙昧，如是，何能有行政、学制、课程都完备的学校教育来呢？这是第二点的可疑。养老与齿学都是宗法社会中一种敬老尊贤的礼节；因为，那时教育很简单，不能独立，遂藉礼仪以发挥教育的意义。所以说礼仪最是文化进步的表现；他的出现亦要在农业生活的时期中才有可能。何以说养老为宗法社会中之一种礼节呢？因为，宗法社会最重聚族，应是家族确立以后的事。在宗法社会中年老者愈为人重视，敬老的思想非常浓厚，如是才能产生出养老与齿学式的教育。我们已知道宗法社会始于周初，到东周已达健全阶段，如此则养老与齿学决不能产生于周以前，已很明白。若谓为尧舜时之教育，更不能成立。这是可疑的第三点。陈东原先生著《中国古代教育》，认识亦复相同。他说："若说这种礼节，是要教天下人之孝悌，那一定也是社会进化后发生的意义，大概是宗法观念产生后的事吧。"他虽没有确定养老是在周代，但说的是在春秋以前，不过没有确定养老起源的时间而已。周予同先生著《中国学校制度》更认西周以前之教育为传说的，并非实有其事。其次我再引孔子之言以殿其后。孔子说："周监于二代，郁郁乎文哉，吾从周。"《论语·八佾》。可见中国文化，至周始具规模。《论语》书上记载孔子以继承文王周公之业的话很多，如果中国文化典章在唐、虞时代已大备，何以孔子的继往大业才从周起呢？这是三代教育制度不能成立最有力的证明。**此节承几位师友提供意见，对本文的助益，实非浅勘，特此致谢。**

第六节　八卦在原始时代教育上有何意义

八卦相传为伏羲所作，而伏羲又是原始时代的圣人，所以后世学者多认八卦为原始时代文化之代表。正是："帝德洽上下，有龙马负图出于河，乃仰观象于天，俯观法于地，中观万物之宜，近取诸身，远取诸物，始作八卦，以通神明之德，以类万物之情。"**王桐龄著《中国史》**。如是看来，伏羲作八卦之意义是如何的伟大？八卦之作用，又如何的有价值？果如上说，则八卦真具有科学的意义，伏羲真是我国原始时代的一个唯物的宇宙论者。但是我们若就当时整个人类生活的实况，以及社会形态而详加推究，则不难认识八卦产生之原因与意义了。

八卦是原始人迷信生活的典型，同时又是天地与男女生殖关系的一种象征。这样的认识，可以下列的道理为之说明。

据研究中史所知，伏羲洽是代表一种由渔猎而至畜牧的社会。这时代的文化只能较渔猎时代稍有进步，同时亦是包含于人民的生活习惯中，没有单独表现的可能。又因为人民生活趋于畜牧，与动物接触的时候比多，如制嫁娶，以俪皮为礼，因龙马负图出于河之祥，以龙记官，分春、夏、秋、冬，中合为五官等是。龟为水中动物，故用龟的背纹形式作为八卦。

八卦为什么象形于龟之背纹？我认为有两点起因：第一、在渔猎时代，龟被人发现已成为很平常的事，不过为要加重其神秘性，使人信仰崇拜起见，遂说是帝之德适洽天地，龙马就负图出现于水中。如是则龙马当然是神，而所负的图——龟，不用说亦是神了。第二、古人重迷信，为要卜吉凶，不能不以一种吉祥的东西为预兆。

龟背之花纹，既美而整齐，同时又以他的生命很久，可以预兆人之生命延长，当时的人，就用他为"义吉凶知祸福"的唯一工具。现今的人还以"龟鹤遐龄"四字祝人延年益寿，我想与上述的理由不无关系。又如现时的巫，为人除邪驱鬼，必口吹"海螺"，这显明表示"海螺"具有神的意义。

其次，原始人脑的作用不发达，思想幼稚，对于四周的自然现象不能有精细之分析，只认天、地、风、雷、山、泽、水、火八种为宇宙之根本，就以龟之背纹作标准，分成八种不同的形式，以为宇宙之缩影。而又以男女生殖间的关系，而推定天为男，地为女，雷为长男，风为长女，火为中男，水为中女，山为少男，泽为少女。天地为宇宙的主体，有天地而后有日、月、风、雷、山、泽、水、火为天道之代表。男女媾精，而人化生。古时人见其生殖关系之神妙伟大，故对男女之生殖器遂生崇拜，由崇拜之观念，表现于有形之物体，以作纪念，这是必然的。顾颉刚著《古史辨》，李石岑著《人生哲学》，郭沫若著《中国古代社会研究》，都是相同的认识。

八卦之在原始时代，只不过是种迷信生活及男女生殖关系的象征，本无意义，后人日益附演，始加深其意义与神秘性。八卦之具有系统意义，当自孔子作《周易》始。不论《周易》是否为孔子所作，但我们可以肯定《周易》的时间性，当在东周时代，内容自然比较《易经》进步。后世学者尤其是战国的儒学家，更将此种思想，加以推衍，使其科学化理论化起来。成为有系统的宇宙观。此派首领在战国为邹衍。汉时之阴阳家根据这种思想，反复推论，简直成为一部自然哲学。总之，八卦是原始时代宇宙间自然现象的总和，实具有自然教育的意义。

第四章

周代的教育思想

第一节 周代的社会生活

古时人类生活由畜牧而进到农业，这是社会进化必然的程序。据史书的考证，周实是畜牧过渡到农业的时代。

当其人民在畜牧生活的时候，不知不觉发现五谷的种子落在地面，及春生殖，再到相当的时间内，核仁成熟，又可作食料。于是人便将五谷的穗收藏起来，依照以前的经验去种植，这便是农业的萌芽期。在农期的初期，当然说不上"深耕易耨"畜牧仍占重要地位，所以《周易》一书上，很少有关于耕种的记载，只有"不耕获不菑畬"一句。继后因生产工具由铜器而进步到铁器，促进生产力之发展。生产力之发展，产业亦必随之而进步。因此之故，到周代末，农业已经发达。农人除了种植食料外，还以一部分的土地种植肥料，《记书》上说的区田，便是在这时产生的。井田之生更足以证明农业之发达。我们还要知道，农业发展的结果，商业亦必然兴起，不过在周代的商业不很发达，只是人民的副业。商品大多是小的童仆，如《周易》上说的"旅次怀其资得童仆""旅焚其次，丧其童仆"从这两句中还知道当时的商都是些贩卖童仆的行商，用贝做货币。至于人民的家室，在殷周之际，顶好是比原始的穴居架巢的形式稍为进步点，如平穴、坚坑、构巢、石垒等是。一般史书上所载的楼榭、宫殿、明堂等等建筑，是否有尚是问题，即有亦不过是用些石头树干筑成，如何精美总是不能有的。再说衣履在农业的发达的时候，自然亦有进步，但不过以植物之纤维，很粗的编成衣服，或染以各种颜色作为礼服，决不能如我们理想中的黄裳等那样美。

第二节　周代的社会制度与教育思想

周代实以农业经济构成社会基础，故其社会的上层建筑如政治、文化、礼教等亦较三代为完备为进步，于是封建制度得以确立。周代社会制度值得我们注意的有四点：第一、中央权力扩大并巩固。武王克殷，大封王室后裔和功臣，至周公而盛极一时。分封亲贤之目的在屏藩周室，如"周公吊二叔不咸，乃众建亲贤以屏藩周"。第二、政治体制系统化。梁任公先生推定周代的政体是"诸国与中央之关系，大略分为甸、侯、卫、荒四种。甸为王畿内之采邑，侯即诸侯，卫盖旧部落之为附庸者，荒则封建所不及之边地也"。梁著《先秦政治思想史》。第三、设官分职。中央设六官，分掌邦治、邦教、邦礼、邦政、邦禁、邦事。地方则实行乡遂自治制度，百里以内为乡的组织，分比、间、族、党、州、乡，百里以外为遂的组织，分邻、里、酂、鄙、县、遂。每一区域，各有专任官，以司职守。至于兵制，则寓兵于农，通国在兵。第四、大家族为政治之本位。如《尚书·尧典》说："克明俊德，以亲九族，九族既睦，平章百姓。"家族之最主要者为宗法之严，用别嫡庶尊卑，以便统率。其目的在"人道亲亲也，亲亲故尊祖，尊祖故敬宗，敬宗故收族"。《礼记·大传篇》。梁任公先生认大规模之家族组织，为政治上的主要原素，一点不错。梁著《先秦政治思想史》。

周代的社会制度的大概体系已如上述。这时的教育思想究竟如何？我们知道周代是种农业经济社会，封建制度大盛的时代，文物虽已大备，但有高深理论而成为一宗的思想却不多见，所以教育思想亦不甚发达。从各方面研究，可知周代教育之特点有六：第一、重道德教育。道德教育以"六德"——知、仁、圣、义、忠、和——为标准，由家庭开始，然后普及于社会国家。第二、重实行。这时文化不很昌明，思想幼稚，从学理上的施教比较困难，故多重于实行，行之标准为"六行"——孝、友、睦、姻、任、恤。大学教以六艺及修己治人之道，小学教以洒扫应对进退之礼，于此可知道当时对于儿童教育，是注重于日常生活的礼节训练。第三、尚服从。在礼教盛行的周代，尚服从是必然的，同时亦是必需的，幼者服从长者，卑者服从贵者，愚者服从贤者。要使人在求学时间养成习惯。因而当生徒只准听，如有疑难亦不能发问题，正如"幼者听而勿问，学不躐也"。《礼记·学记篇》。"教弟子以礼乐师作之，弟子从之。"《礼记·内则篇》。第四、知礼守法。礼教为维持社会秩序的重要工具，所以当时人非常注视，立礼制法，均极严格周详。《礼记·仪礼》为记载礼仪之书，《周礼》为记载经国大法之书。礼法成立后，人民须绝对遵守，在求学时代就要养成知礼守法的良好习惯，礼之中又以丧礼为重，因在宗法社会，尊祖敬宗最为紧要。人民能知道丧礼，则国中的一切礼法均可遵守，所以丧礼亦为当时治国之法。《礼记》载："明乎郊社之礼，禘尝之义，治国其如示诸掌乎？"第五、注重军国民教育。此时诸侯众多，战争纷起，人民均有学习军事之必要，因之，国民军事教育在当时无形中成为保卫国家之重要工具，所学的科目亦规定为"春夏学干戈，秋冬学羽籥"。《礼记·中文王世子》。战争既多，人人都有服兵役之义务，当时是行的征兵制，每家出一人，二十多岁至六十岁为服役期，王畿之民，年岁一更替，诸侯之民，一岁一更替。其训练方法，则为春蒐、夏苗、秋狝、冬狩，皆于农隙之时实行。另外还用许多方法，提倡人民之尚武精神。如在作战以后，军人凯旋受俘献馘，亦在大学内，以勉励生徒等的尚武敌忾之气。第六、政教合一。当时人认为"礼乐政刑，其极一也"。官师不分，做官的即是教育家，故教育权柄都操在官吏之手，要求高等知识，非从官府不可。正如《曲礼》上说的

"官学事师"。

综合上述六点特色，可以得出周代之教育中心思想实是化民成俗，注重德、行、道、艺之训练。

第三节　周代的教育方法

原始时代教育方法，最重要的莫过于口述，次为在实际生活中去体验。周的教育方法颇有改进，并渐及于心理学及自然教育原理之探摸。如《戴礼·学记》所载"学者有四失，教者必知之，或失则多，或失则寡，或失则易，或失则止，此四者心之莫同也。知其心然后能救其失也，教也者长善而救其失者也"。又如"君子之教喻也，道而勿牵，强而勿抑，开而勿达"。

第五章

春秋战国之教育思想

第一节 春秋战国社会经济之特质

本书不是专研究中国社会发展史的，所以对于春秋战国的社会经济只能用综合的方法指出其特质。第一，铁的生产工具的使用，使农工业的生产力提高。这时铁的功用很大，不特为生产工具，而且是制造兵器的主要材料。第二，农工生产力提高，生产品必增加，商业亦随之而兴旺，以上两点是春秋、战国时候产业发展必然的过程，商业发展了，所表现于社会的：第一，商业发达，城市必然繁荣，周初所谓的封建诸侯的堡垒，一变而为商业集中地，如临淄、邯郸、咸阳、洛阳、南阳、大梁、寿春、番禺等。第二，商业发达，商人所得的利润必然丰富，于是大商贾便应运而生。参见《货殖传》。第三，商业资本发达的结果，使大商人的势力操纵政治，如郑弦高犒秦师，吕不韦的"移神鼎"等是。第四，商业经济统治工业经济，卞尔曾说："在前资本主义阶段的社会中，是商业统治工业。"因而商业经济奠定了春秋、战国社会经济的新基础，如太史公说："用贫求富，农不如工，工不如商，刺绣文不如倚市门。"

第二节　诸子的教育思想

论诸子教育思想，当从儒家起。为什么呢？因为，儒家思想为中国学术思想之骨干，对于社会、政治、伦理、教育各方面影响均极重大。自汉迄今，中国学术思想间接直接都受其影响，所以后世学者多称儒家思想为中国学术思想之道统，就是这个原因。儒家的代表人物，首推孔子，次为孟子、荀子二人。兹就三子之教育思想分论如左：

一、孔子

（甲）政治思想——正名礼治　孔子为旧制度唯一的拥护者，他眼见当时诸侯争霸，社会紊乱，实由于"礼治"破坏，"纲纪"废弛；因为，礼治破坏，以致乱臣贼子盈天下。同时淫风流行，上下交争利，寡廉鲜耻之无礼无义的行为，普遍社会。纲纪废弛，君臣父子之名错乱，以致"臣弑其君者有之，子弑其父者有之"。处此混乱社会之下，苟欲"拨乱反正"使"天下无道"变成"天下有道"，则唯一方法就是正名分兴礼制。孔子认为"正名"是当时为政的最基本工作，所以子路问他："卫君待子为政，子将奚先？"他毅然答道："必也正名乎？"《论语·子路》。为什么"正名"是政之基本呢？因为，"天下有道，则礼乐征伐自天子出。天下无道，则礼乐征伐自诸侯出。"《论语》。若是做到君君、臣臣、父父、子子，能互知其义，各尽其道，这样便就是"天下有道"的社会了。名既正，礼德自然而生，政治亦必然能够走上礼治的途径。《左传》载师服云："名以制义，义以出礼，礼以体政，政以正民。"就是上述的意思。礼虽出于义，但是礼亦可以行义的。如何维护礼呢？《左·僖二十八年传》说的是"信以守礼"所以我认为孔子的政治思想不外正名主义与礼治主义，他老先生身当礼法纲纪大破坏时代的春秋，目睹时艰，自然是痛心疾首的。他周游各国，大声急呼，无非欲唤醒各国君王，这实是孔子当时所急欲解决的政治问题。吕振羽先生著有《孔丘派哲学思想的发展》一文，说的很对。他说："因而孔子对当时所遭遇的政治问题，便拿出一个'正名主义'来，作为妥定封建秩序的武器；更拿出一个'礼治主义'来作为强化等级制的政治手段。"

孔子的政治思想既如上述，则教育思想亦是根据其政治原理而生出的。他的教育思想，可分为原则论、目的论、方法论、学科四项。

（乙）思想上的原则　孔子教育思想有两个原则：大概分为道德教育、人格教育比较适当。何以认为适当呢？这就不能不略加解释；因为，孔子正当于周室衰败之时，诸侯各据一方，互相称霸，战争频仍，邪说四起，因是纪纲破坏，礼德废弛，天下混乱已极。为要挽救这种乱极的现象，他在政治上提出"礼治"的口号，以"正名"为进行方案。根本治理之道，还在使人修养内心，知道作人的途径着手，所以他认教育为治本之良方，遂提出道德教育与人格教育两种主张，以矫正人心，这是孔子教育思想的社会背景。以下再论他的道德教育与人格教育的意义。

（一）道德教育　孔子最重道德教育，《论语》有云"子以四教：文、行、忠、信"。这四教除文外，都是属于品德方面的。其实文与德的修养仍有间接的关系，何以故？因为，所谓的文，都是孔子为要"托古改制"而假托先王之德所作的文。先王当然指的是文武周公诸人，修其文自然要受先王之德的感化。他既认品德的修养重要，所以命他的弟子务须先修品德，后及于文之学习，如《论语》上说："弟子入则孝，出则悌，谨而信，泛爱众，而亲仁，行有余力，则以学文。"又说"志于道，据于德，……"即是说人立志要以道为依归，做事为学都要以德为据守。如果脱离德而做事或者为学，所做的事，所研究的学问，都将失去价值。他说："礼云礼云，玉帛云乎哉？乐云乐云，钟鼓云乎哉？"《论语·阳货》。可见礼乐若不能表现于德性，便无价值的。孔子门人中修养德行最好的要算颜渊、闵子骞、冉伯牛、仲弓等。颜渊说："……夫子循循然善诱人，博我以文，约我以礼……"《论语·子罕》。可见他的门人弟子都视德行非常重要。

　　孔子在教育上主张道德训练，因而在政治上亦主张以德治国。他说："为政以德，譬如北辰，居其所而众星拱之。"《论语》。又说："道之以政，齐之以刑，民免而无耻；道之以德，齐之以礼，有耻且格。"《论语》。北辰就是北极星，为众星所拥护，以表示为政以德之意义。"格"字就是归向的意思，与《书经》里"帝乃诞敷文德，舞干羽于两阶，七旬有苗格"的"格"字相同。至于德之功效至为伟大，教育上能贯彻其意义，则教育本身之价值可说其备。政治亦应以德为原则，到德治失效时，必然用刑法惩罚，所以他说"齐之以刑，民免而无耻"，可见孔子并非忽略刑之作用。孔子论德在政治上之功效至详。他说："……故远人不服，则修文德以来，既来之，则安之。"《论语》。"君子之德风，小人之德草，草上之风必偃。"《论语》。"……上好礼，则民莫敢不敬；上好义，则民莫敢不服；上好信，则民莫敢不用情。夫如是则四方之民，襁负其子而至矣，焉用稼！"《论语·子路》。

　　（二）人格教育　孔子对于人格的教育的重要性虽没有系统的说明，但是在他的言论中仍可以找寻出来。孔子所谓的"名"就是人格的意思。他说"君子疾没世而名不称焉"，《论语》。又说"君子去仁，恶乎成名？"《论语》。这既是说君子如果脱离仁，何能完成他人格上的修养呢？孟子亦是主张人格教育的，他所倡导的"风，"就是指人格而言，如"圣人百世之师也，伯夷、柳下惠是也。故闻伯夷之风者，顽夫廉，懦夫有立志；闻柳下惠之风者，薄夫敦，鄙夫宽。奋乎百世之上，百世之下，闻者莫不兴起也。非圣人而能若是乎？而况于亲炙之者乎？"《孟子》。

　　孔子既重人格教育，所以对于教师的人格亦非常重视，如他说："其身正，不令而行；其身不正，虽令不从。"《论语》。又说："二三子以我隐乎？吾无隐乎尔！吾无行而不兴二三子者，是丘也。"《论语》。

　　以上是说明孔子主张人格教育之意义。其次论到人格修养之项目；亦即是人格之内容。关于这点孔子虽未曾明白规定，可是从他的言语中亦能归纳成为几点：第一、真情感。真实的情感是使人心服之唯一要素，子贡说："夫子温良恭俭让以得之。"《论语》。他又对微生亩说道："非敢为佞也，疾固也。"《论语》。可见其注重真情流露以使人心悦诚服。第二、安贫何谓安贫？即是安于贫而守于道，人的物质生活虽苦，但道却不能易。颜渊最能安贫守道，孔子称誉他说："贤哉回也！一箪食，一瓢饮；在陋巷，人不在堪其忧，回也不改其乐。"《论语》。又说："饭疏食，饮水，曲肱而枕之，乐亦在其中矣。不义而富且贵，于我如浮云。"《论语》。"乐亦在其中矣"就是表明人穷到吃菜饮水，寝时以肱作枕的时候，仍然觉得快乐，这就是一般人说的苦中求乐的意思。第三、责任心。孔子所说的忠信，就是责任心。他说："……自古皆有死，民无信不立。"《论语》。曾子又说："……为人谋而不忠乎？……"《论语》。"无信""不忠"都是无责任心。孔子又说："言忠信，行笃谨，虽蛮貊之邦行矣……""居处恭，执事敬，与人忠，虽之夷狄，不可弃也。"《论语》。"言忠信""与人忠"就是说做事要尽责任。第四、艰苦奋斗。孔子一生周游各国，不知经过若干的困难与危险，但是他的奋斗精神一点不因环境的恶化而灰心。他自己能发奋忘食，乐以忘忧，不知老之将至的精神在当时诸贤中，恐怕亦只有孔子才具备吧。第五、立志有恒。即是意志，人无论做事求学，意志都要坚定。孔子认志的力量非常伟大，如他说："三军可夺帅也，匹夫不可夺志也。"《论语》。又说"志于学，志于仁，志于道"《论语》。无论学、仁、道各方面都须要有志"恒"亦是修养人格的要项。他说："人而无恒，不可作巫医。"《论语》。可见人无恒，小如巫医都不能作，何况修德呢？第六、抵抗力。孔子对子路说："……不曰坚乎！磨而不磷，不曰白乎！涅而不缁……"《论语》。这"不磷""不缁"就是抵抗力。以上六种全是人格修养必具备的要项，如果人能做到上述六项则必为圣人了，所以我认为孔子的道德教育、人格教育非常适合现今的教育需要。

孔子教育思想的原则，已经说明，现刻再论他论教育的目的与方法。

（丙）目的论 孔子论教育目的为"在明明德，在新民，在止于至善"，《大学》。而以仁为其最终目的。即是使人能以自己之真情，博施济众，"己立立人，己达达人"。《论语·雍也》。至于行仁的方法，亦很简单，"忠恕"二字就是做仁的紧要方法，故曾子曰："夫子之道忠恕而已矣。"《论语》。"因己之欲，推以知人之欲"《论语》。谓之忠，"以己之不欲，推以知人之不欲"《论语》。谓之恕。人若本乎忠恕二字，在于"能近取譬""克己复礼""非礼勿视，非礼勿听，非礼勿言，非礼勿动"《论语·颜渊》。诸方中求之，则仁不难做到。其次，仁为全德之名，可以统摄诸德，故能包括孝、悌、忠、信、礼、义诸德，而完成仁之最终目的。

（丁）**方法论**　孔子论教育方法，散见于《论语》《戴礼》《史记》诸书。综合之可得下列六点：第一、注重以身作则，施行人格感化。第二、主张"有教无类"《论语·卫灵公》。使凡有力读书的人都能受教育。第三、因材施教。第四、采用启发式教学，如"不愤不启，不悱不发"。《论语》。第五、注重循序渐进，如"温故知新""学而时习"又如颜渊说"夫子循循然善诱人，博我以文，约我以礼"。《论语》。第六、注重现实事物之观察，即物穷理，身体力行，学文读书，如《论语》上说："君子食无求饱，居无求安，敏于事而慎于言，就有道而正焉，可谓好学也已。"又说："有颜回者好学，不迁怒，不贰过。"

（戊）**学科**　孔子既重道德教育，所以主张叫人从人伦日常事务上去做工夫，然后修习其他各科以为道德教育之辅助。至于学科节目则为礼、乐、射、御、书、数。书数两科为写字学数理，是浅近的教育。射御两科是学习骑射兼习体育，学理都很普遍。惟有礼乐义理较深，故订为高等教育课程。孔子相信诗能陶冶性情，所以他说："小子何莫学夫诗。诗可以观，可以怨；迩之事父，远之事君，多识于草木鸟兽之名。"《论语》。除诗而外，礼乐两科兼有节制和悦二种陶冶能力；因为礼的功用在节制，乐的功用在和悦，所以学习礼乐最适合陶冶人的性情。

（己）**结论**　从以上观察，孔子确是我国历史中最有权威的教育家，单是他那种"为之不厌，诲人不倦"的精神，三千多的徒众，七十二个通达的贤人，亦就够令我们为之佩服。我想无论拥戴或反对他的人，对于这个伟大的事实，总没有理由来推翻的。

其次，我们对于孔子的教育思想亦有几点值得去认识他，并且在今日还有他存在的价值。

第一，孔子当时遭遇的政治问题是名位不正，礼法破坏，使社会秩序失常，所以他便提出"正名"与"礼治"来补救。他又认定单从政治方面建设还不能挽回当时社会之危机，必须进一步从事于教育的治本办法，因是对教育原则确立人文主义，其目的，首贵修己，次之在能"己立立人，己达达人"。他老先生艰苦卓绝教诲世人，唯一的是要使人知道做人的道理，从人伦与日常事务中养成能为社会国家可用的人，惟其如此，所以孔子的七十二贤弟子的成就亦有不同。《论语》上说的颜渊、闵子骞成就的是德行，冉有、季路成就的是政事，宰我、子贡成就的是言语，子游、子夏成就的是文学。又说子路可使治赋，冉有可使为宰，公西华可任交际，皆能为国家办事。

第二，孔子的教育思想与我国民族精神完全相合，同今日所盛行的教育思想仍一脉相承。**参考本书第二章第四节。**

第三，孔子所用的教学法，如实行身教礼教以及"循循善诱"的确值得我们效法。

总之，孔子在东洋的教育历史中是第一人，他与苏格拉底在西洋历史上的地位相等的。这二人始终是东西洋文化史上的两盏明灯，这或者不是过分的奖誉吧。

二、孟子

孟子为儒家之唯一承继者，他据守孔子之学而阐明之辩证之，如《史记》说："孟子序《诗》《书》，述仲尼之意"，因而孟子的教育思想在我国古代教育史中亦占重要的地位。兹先论其政治思想、经济思想、性善论如次：

（甲）政治思想 孟子对于传统的旧制度仍竭力拥护，他说的"周室班爵录"制，仍不失当时的政治原理。因此，他慕尧舜之道，主张"不愆不忘，牵由旧章"以及"遵先王之法""行王之道"以达于"分田制录"的结果，那就可望而治。

孟子虽拥护旧制度，可是他的政治思想是奥佛海变的。孔子的政治思想是建立于贵族阶层，但孟子则主张应建立于民众阶层，所以他论君与民的关系，直将民放在君之上，认民乃是国家之基础。他既主张"民为贵"，于是提出一个"民政"的方案来以与霸政相对抗。自然他是竭力反对霸道的，所以说："仲尼之徒，无道桓、文之事者。"为要实现仁政，他不能不反对以个人为立场的"利"而劝人行"义"，即是说他要建以义为中心的仁道政体而代替以利为中心的霸道政体。

（乙）**经济思想**　孟子的经济思想在滕文公、梁惠王两章中叙述甚详。主要的便是实行以民利为前提的井田制度与乎"省刑罚、薄税敛""不违农时"而达到"死徙不出乡，乡田同井，出入相友，守望相助，疾病扶持，则百姓亲睦"的社会，能做到这种"养生送死无憾"的结果，亦就是王道之始。

孟子不但主张国家应为人民设法解决生活问题，而且应该兴学校以教育人民，如他在滕文公章中说得很明白"设为庠序学校以教之。庠者，养也，校者，教也，序者，射也。夏曰校，殷曰序，周曰庠，学则三代共之。皆所以明人伦也，人伦明于上，小民亲于下。"同时使人民生活安定，然后"谨庠序之教，申之以孝悌之义"，亦与孔子的"富而教之"的意义相合，不过经孟子更加一番辩证的说明而已。

（丙）**性善论**　近今对孟子的性善论有两种解释：一、是谓人性都善。第二、是谓人性皆有善。二说以后者较为正确，如陈澧说："孟子所谓性善者，谓人人之性皆有善也，非谓人人之性皆纯乎善也。"陈著《东塾读书记》。人若能将本性中之善端——仁、义、礼、智扩而充之，则人人皆可为善，这就是孟子性善论的原理。

性善论与政治又有什么关系呢？孟子既主张行仁政，于是又提倡性善论的伦理哲学以为人民的心理建设。他觉得行仁政亦颇容易，只要"人皆有不忍人之心"便可以行"不忍人之政"。所谓"不忍人之政"，即是仁政，仁政出发于善性，这个道理很是明白。不过我认为除重新建立治人与治于人的意识形态外，还有缓和两阶层间的矛盾作用。人有善性，不但可以建设仁政，而且扩而充之，还能为圣人。就是说人皆可以为尧舜，是在各人努力结果而定，所以孟子说"舜何人也，予何人也，有为者亦若是"。《孟子》。至于自己以为"吾身不能居仁由义"则"谓之自弃矣"。

准乎孟子性善论的原理，来研究他的教育思想，亦是非常正确的；因为，孟子的教育思想完全是根据他的性善为出发点。其教育思想可归纳于下：

第一，主张自动教育。他相信人性皆有善端，故教育应顺乎自然，指导人的本性之活动，使之渐渐感化，趋于正轨。在方法上尤不应施行强迫或压抑，故说："君子深造之以道，欲其自得之也；自得之，则居之安，居之安，则资之深，资之深，则取之左右逢其原，故君子欲其自得之也。"《孟子》。又说："有如时雨化之者。"《孟子》。这就是自动教育的意思。

第二，注重养性。依孟子之意，以为人性皆有善端，所谓人之好货、好色、好乐并不能证明人性之非善，故教育之目的，在固善去恶，如他说"人之所以异于禽兽者几希，庶民去之，君子存之"。《离娄下》。然则如何能存善去恶呢？唯一方法就是要从其大体而去其小体。大体者也？即是人心之所思，合乎理性，为"天之所以为我者"。小体者何？即是耳目之官，乃与禽兽所同，若从之则必"陷溺其心"，故又说："从其大体为大人，从其小体为小人。耳目之官，不思而蔽于物，物交物则引之而已矣。心之官则思，思则得之，不思则不得也。此天之所与我者，先立乎其大者，则其小者不能夺也，此为大人而已矣。"《孟子》。

第三，注重辩论式的教学法。孟子好与人辩，故其所用教学法多以辩论式为主。他之治学在穷事物之理，每一问题发生，辄与人层层辩论，以求发现真理。如与告子论性，与陈相论许行之道，均用此法。

三、孔孟教育思想之异同

孔、孟教育思想相同的地方多，相异的地方少，因为，孔、孟都是儒家的两个导师，而孟子又受业于孔子的学生子思之门，故其学术思想几无不与孔子相同。兹为论述方便计，先说明孔、孟教育相同之点。

孔子注重人文主义的教育，即是道德人格教育，而孟子所主张的亦相同，如他说伯夷是"圣之清"、柳下惠是"圣之和"，就是以"清"与"和"表示道德人格之内容，不过他对于道德与人格的阐扬没有孔子那样彻底吧了。这是相同的第一点。

孔子注重教师的人格，而孟子亦说伯夷、柳下惠的人格能影响百世之下，何况在当时亲受熏陶的人呢？这是相同的第二点。

孔子论礼治，孟子主张仁政，其实仁政就是礼治；因为，仁是最高之德，所以仁政就是最高的礼德。如孟子说的："……今王发政施仁，使天下仕者，皆欲立于王之朝，耕者皆欲耕于王之野，商贾皆欲藏于王之市，行者皆欲出于王之途，天下之欲疾其君者，皆欲赴诉于王，其若是，谁能御之。"《孟子》。观此，更知孟子论仁政之功效与孔子论礼治之功效全无差异。这是相同的第三点。

孔子承认民众教育对战争上的效果。他说："以不教民战，是谓弃之。"《论语》。而孟子亦说人民只要财力充裕兼有教养，便可制梃以挞秦、楚之坚甲利兵。这是相同的第四点。

孔子所说的"富而后教"孔子说："既庶矣，富之；既富矣，教之。"与孟子所说的"……今也制民之产，仰不足以事父母，俯不足以畜妻子；乐岁终身苦，凶年不免于死亡，此唯救死而恐不瞻，奚暇治礼义哉？……谨庠序之教，申之以孝悌之义，颁白者不负戴于道路矣……"《孟子》。的意思完全一致。这是相同的第五点。

孔子注重道义之乐，自然之乐，而孟子亦主张道义之乐，如他说"……反身而诚，乐莫大焉"，《孟子》。又说"……古之贤士……乐其道而忘人之势"。《孟子》。他对于自然之乐，不但赞同，而且主张普及。这是相同的第六点。

孔子虽重视礼、乐对人的性情是陶冶的功效，但亦不忽视自然和人生关系的重要。如他说："人而不仁如礼何？……""礼之用，和为贵。……"《论语》。这与孟子注视利用自然以陶冶性情之功用全无区别。这是相同的第七点。

以上是说孔、孟教育之相同处，次论其相异之点：

孔子认人性非全善。他说"性相近也，习相远也"，《论语》。又说"惟上智与下愚不移"，《论语》。与孟子所认为人性全善是不同的。这是相异的第一点。

孔子注重言行，所以常以言行对称。孟子则认知言可以辨别理性之得失，常以知言对举。这是相异的第二点。

孔子注重学，认"思"为学的辅助。孟子极重"思"以为由思索可以成为大人物。这是相异的第三点。

四、荀子

荀子与孟子虽同尊孔子之道，继孔子之后而为儒家两大师。但其思想多与孟子相反处，尤以论性，攻击孟子尤烈。纵观荀子之学术思想的要点有二：

第一，自然主义的宇宙观。荀子论天为自然主义之天，他认为日月星辰风雨雷电都是自然之运行，所以他说："列星随旋，日月递炤。""夫日月之有蚀，风雨之不时，怪星之党见，是无世而不尝有之。"《荀子·天运篇》。这与孟子所言义礼之天，运命之天，完全相反。因认天为自然主义之天，所以天不能降祸福于人，反之，人必征服自然——天行以为己用。他又说："天行有常，不为尧存，不为桀亡。""强本而节用，则天不能贫；养备而动时，则天不能病；修道而不贰，则天不能祸。"《荀子·天运篇》。

第二，性恶论。荀子论性与孟子论性根本不同。荀子论性注重于现实环境以为人之情欲，如顺其自然做去，则必为恶，可见人性并非本来就是善。人性既是恶的，则必须用礼法以正之，方可以为善。他说："人矫饰人之性情而正之，以扰化人之性情而导之。"

《荀子·性恶篇》。又说："人性恶，其善者伪也。"伪与为通。《荀子·性恶篇》。

　　其次，论到荀子之教育思想，他的教育思想无论在原则上，方法上，科目上都与孔、孟大同小异。孔、孟主张道德教育与人格教育而荀子则注重于德操之养成，所谓德操就是道德教育与人格教育的意思了。他说："学也者，固学一之也。……全之盛。然后学者也。君子知夫不全不粹之不足以为美也，故诵数以贯之，思索以通之，为其人处之，除其害以持养之。使目非是无欲见也，使耳非是无欲闻也，使口非是无欲言也，使心非是无欲虑也。……是故权利不能倾也，群众不能移也，天下不能荡也。生乎由是，死乎由是，夫是之谓德操！"《荀子·劝学篇》。

　　荀子最重礼义，他认为除礼义以外，其余的事与学问都没有大关系。他又认礼仪为先王所造，先王之遗言，当然与礼义有关，所以他说："不闻先王之遗言，不知学问之大。"《荀子·劝学篇》。又说："人积耨耕而为农夫，积斫削而为工匠，积反货而为商贾，积礼义而为君子。"《荀子·儒效篇》。

　　他既主张人格教育，既承认礼义在学问中之重要，因而注重于内心之修养。他在《儒效篇》上说："故君子务修其内而让之于外，务积德于身而处之以遵道。"又在《劝学篇》上说："君子博学而日参省乎己。则知明而行无过矣。故不登高山，不知天之高也；不临深溪，不知地之厚也。不闻先王之遗言，不知学问之大也。"又在《修身篇》上说："志意修，则骄富贵矣，道亦重，则轻王公矣；内省则外物轻矣。"所谓"内省""修其内""参省乎已"都是关于内心修养的话，可见荀子论学，是如何重视内心之修养呵！

　　荀子论教育科目，除孔子所采用的诗、书、礼、乐外，又加上《春秋》。他在《劝学篇》上说："学恶乎始？恶乎终？曰，其数则始乎诵经，终乎读礼，其义则始乎为士，终乎为圣人，真积力久则入。学至乎没而后止也。故学数有终，若其义则不可须臾舍也。为之，人也；舍之，禽兽也。故书者，政事之纪也；诗者，中声之所止也；礼者，法之大分，群类之纲纪也。故学至乎礼而止矣，夫是谓道德之极。礼之敬文也，乐之中和也，诗书之博也，春秋之微也，在天地之间者毕矣。"这一段一面说明"诵经""读礼"乃所以助修养，一面又说明诗礼之好处，可见荀子之赞成诗、书、礼、乐为教育科目是有深刻认识的。他又在《儒效篇》上论诗、书、乐的好处，更明澈的说："诗言是其志也，书言是其事也，礼言是其行也，乐言是其和也，春秋言是其微也。故风之所以不为逐者，取是以节之也；小雅之所以为小者，取是而文之也；大雅之所以为大者，取是而光之也；颂之所以为至者，取是而通之也。天下之道毕是矣。乡是者藏，倍是者亡；乡是如不藏，倍是如不亡者，自古及今未尝有也。"

其次，荀子论教材，是否采用孔子的六艺呢？关于礼、乐上文已经说过，当然是采用的，对于书、数两种认识，认为非基本科的教材。至于射、御两种，他比较忽略，少有说过。总之荀子论教材，大体上是赞成孔子的六艺的。

荀子论教育方法有四：一、专一，二、积善，三、师资，四、环境。

第一，专一。什么是专一呢？专一就是心诚静专于一点，即是心不二用的话。荀子主张的一致的德操，目之所见，耳之所闻，口之所言，心之所虑，都贵乎以一为归，做学问尤贵于专一，如果心不诚，便不能静，学问是决不能达到完善的境地。荀子在《解蔽篇》上说："人心譬如槃水，正错而勿动，则湛浊在下，而清明在上，则足以见须眉而察理矣，微风过之，湛浊乎下，清明乱于上，则不可得大形之正也，心亦如是也，故导之以理，养之以清，物莫之倾，则足以定是非决嫌疑矣。……故好书者众矣，而仓颉独传者一也。"槃水如人心，微风如心以外之事物，槃水不被微风吹动，则湛浊在下，清明在上，其作用可见须眉而察。心如专一，不被外界之事物牵动，则可以穷理明变以直达于天德。

专一既如是之重要，然则如何可以做到呢？我认为诚字确是能够做到；因为，心诚则静，静而能专，这是心理学上必然的定理。荀子在《不苟篇》上说："君子养心莫善于诚，致诚则无他事矣。唯仁之为守，唯义之为行，诚心守仁则形，形则神，神则能化矣；诚心行义理，理则明，明则能变矣，变化代兴，谓之天德。"这里所说的"诚""致诚""诚心"都指是专一的意思。

第二，积善。什么叫积呢？积与习惯二字的意思相近，但积与习惯仍是有区别的。据王一鸿先生的解释，大概积是属于心的方面的，习是属于行为方面的。**王著《中国古代教育思潮荀卿的教育思潮》**。总之，积与习都包含有时间性与空间性的，如无时间性则积与习根本失去其意义；如无空间性，则积与习根本不能成立。凡人皆可以积善而成伟大的学问，积善而成为圣人，这即是说人生原皆一样，秉赋皆同，"可以为禹、尧，可以为桀、跖，可以为工匠，可以为农贾"。《荀子·儒效篇》。其所以初同后异者，要在各人所积不同的缘故，荀子在《性恶篇》上说："今使涂之人伏术为学，专心一志，思索孰察加日县久，积善而不息，则通于神明，参与天地矣。故圣人者人之所以积而致矣。"又在《儒效篇》上说："故积土而为山，积水而为海，旦暮积为之岁……"可见积的功效，非常伟大，天地间无论如何伟大难为的事，都是由积而至的，亦要努力于积的工夫，事情学问乃能成功。再从积的意义中去体察。实含有一种永久绵互不断的价值，故荀子论教育目的是要养成言行一致的德操，积善是要使人终身为善，以至于"终乎为圣人"。做学问的亦要抱这种"真积力久则入，学至乎没而后止也"的决心。换句话说，人受教育的时间虽有尽，但教育的意义是终身力行而不可舍的，这就是荀子论教育的特点。

第三，师资。荀子最重师资，《儒效篇》说："人无师法而知则必为盗，勇则必为贼，云能则必为乱，察则必为怪，辩则必为诞，人有师有法而知则速通，勇则速威，云能则速成，察则速尽，辩则速论。故有师法者，人之大定也，无法师者人之大殃也。"他为什么这样重师呢？因为，他认为人性是恶，如果没有贤师之指导，则必知而为盗，能而为乱，察而为怪，辩而为诞，且是人之大殃。这明明指出荀子论师的任务，决不是谨谨教人以诗、书、礼、乐书本上的智识，而是要能以贤师之人格感化生徒。如果只教书本上的智识，到老亦不过是个陋儒而已。他说："学莫便乎近其人……学之经莫速乎好其人，隆礼次之。上不能好其人，下不能隆其礼，安特将学杂识志，顺诗、书而已耳，则末世穷年，不免为陋儒而已。"《荀子·劝学篇》。

第四，环境。荀子认为人性恶，不赞成良知良能的说法。他以为人性之善恶完全在环境的良劣为标准，即是说环境良，则为善人；环境劣，则为恶人；因之，环境之与人善恶是很紧要的。这就是荀子较孟子为进步的地方。

荀子认环境属于客观方面的，乃是消极的，所以名为"渐"或名为"靡"。关于环境的影响，他在《劝学篇》上说："蓬生麻中，不扶自直，兰槐之根是为芷，其渐之滫，君子不近，庶人不服。其质非不美也，所渐者然也。故君子必择乡，游必就士，所以防邪避而近中正也。"又在《性恶篇》上说："夫人虽有性质美，而心辨知，必将求贤师而事之，择良友而友之。得贤师而事之，则所闻者尧舜禹汤之道也。得良友而友之，则所见者忠、信、敬、让之行也。身日近于仁义而不自知者也，靡使然也。今与不善人处，则所闻者，欺诬诈伪也，所见者污漫、淫邪、贪利之行也，身且加于刑戮而不自知者，靡使然也。传曰："不知其子，视其友，不知其君，视其左右，靡而已矣。"可见得贤师能造成尧、舜、禹、汤之环境，得良友能造成忠、信、敬、让之环境，要皆使人身日进于仁义而不知不觉完成良好之人格，可见环境关系与人的善恶如何的重大！

五、孟荀教育思想之异同

孟荀教育思想相同的地方多，相异的地方少。兹为论述方便计，仍先述其相同之点。

他俩教育思想的相同处，就其重要者言，约有三点：（一）孟、荀对性之主张虽不同，但两人都承认个性。孟子承认个性前文已经说过，而荀子所说的"血气刚强""知虑渐深""勇胆猛戾"……"狭隘偏小"《荀子·修身篇》。都是属于个性上的。人之个性可藉修养以矫正之。（二）孟子认为人之不为善，乃由自暴自弃，故曰"人皆可以为尧舜"。《孟子》。荀子亦认为人之不为善，并非不可能，而是由于不肯去为，只要努力去作，则"涂之人可以为禹"。《荀子·性恶篇》。于此可见孟、荀都注重于努力，努力二字实为人的前途造化之唯一关键。（三）孟子主张性善，荀子对教育亦抱乐观的态度，认为人的心意可由外面的环境去任意变化，他在《性恶篇》上明明指出"凡所贵尧舜君子者，能化性，能起伪，伪起而生礼义"。所谓君子的"化性""起伪""生礼义"和陶人做瓦工人做器一般，可由外加工任意变化的。

其次，是他俩的不同点。孟荀教育思想的不同之处，即在"性善"与"性恶"两个领域上的区别。孟子根据性善的推演，认为人之理性具有最高的指导力，依其指导之演进自然合于道穗，不必在外面加以助力。荀子则不然，他认为理性并无最高指导力，必须依据外面的礼义的修养以扶助，使其积久就可以达到至善之境。

六、儒家教育思想的要点

儒家的思想完全建筑在宗法社会的基础上，而宗法社会之组织又以夫妇鬼神为基础，因此，儒家的政治哲学思想不但是以宗法家族为起点，推广到社会国家，而儒家的教育思想亦以宗法社会关系为其出发点。这是儒家教育思想的第一要点。

儒家均以人文主义的教育思想为本体，注重于身心之修养。孔子主张的人格教育与道德教育，孟子、荀子以及孔孟的门人弟子均极赞成，且倡导不遗余力。孟子所谓的"风"，荀子所谓的"德操"，都是道德教育与人格教育的意思。这是儒家教育思想的第二要点。

孔子论礼制，孟子主张仁政，荀子所谓的礼法，证明儒家的教育思想与政治思想都是一贯的治国之理，两者间实含有种绵密的关系。这是儒家教育思想的第三要点。

由孔子以至荀子实为儒家思想一贯的辩证发展。在政治、教育上自然都以礼德为前提，可是对于刑的功能并未忽视，荀子对于刑的认识更为清楚。他以为礼是用于统治君子的，法刑是统治小人的。对于"礼不下庶人"是极端同意的，《富国篇》上说："礼者，贵贱有等，长幼有差，贫贵轻重皆有称者也。……由士以上则以礼乐节之，众庶百姓则以法数制之。"法刑不但重要，且贵在实行。如何能实行呢？第一、须有贤明的人。第二、须有权势，因为"法不能独立，类不能自存。得其人则存，失其人则亡"。有人有势，然后"立君上之势以临之，明礼义以化之，起法正以治之，重刑罚以禁之，使天下皆出于治，合于善也"。这是儒家教育思想的第四要点。

私有财产社会形成后，阶层便产生，因而教育的阶层性亦随之具有。这种教育之成立自然不仅始于春秋战国时代，更不是儒家提倡的，不过古代教育至春秋战国时候，儒家更将其阶层划分的很明显，奠定其新的基础。这是儒家教育思想的第五要点。

儒家教育目的在终于至善，亦即是达到"仁"境地。行仁之法，最好从孝、悌、忠、信下手，如《论语》上说："孝悌也者，其为仁义之本与？"曾子又说："夫子之道，忠恕而已矣。"这是儒家教育思想的第六要点。

《中庸》所谓的博学、审问、慎思、明辨，终结则在笃行。这是最合于科学方法的。《大学》所谓的"格物致知"是属于知的部门，"诚意、正心、修身"属于自己修养，即是"行"的部门，"齐家、治国、平天下"属于以个人之真情博施济众，使人同受其感化，即是"治人"的部门。可见由格物穷理的知，则自己修养内心的行，再到家国天下的治理，这一过程，表示知行合一之道。这是儒家教育思想的第七要点。

儒家既注重人文主义教育，因而对师之选择，认为非常要紧，其唯一目的，皆为人格感化之实施。以为只要使个人人格高尚，能以自己之高尚人格，去使人受其感化以归于善，故《论语》说："一日克己复礼，天下归仁焉。"《易系辞传》说："君子居其室，出其言，善则千里之外应之。"这是儒家教育的第八要点。

儒家教育思想系统表

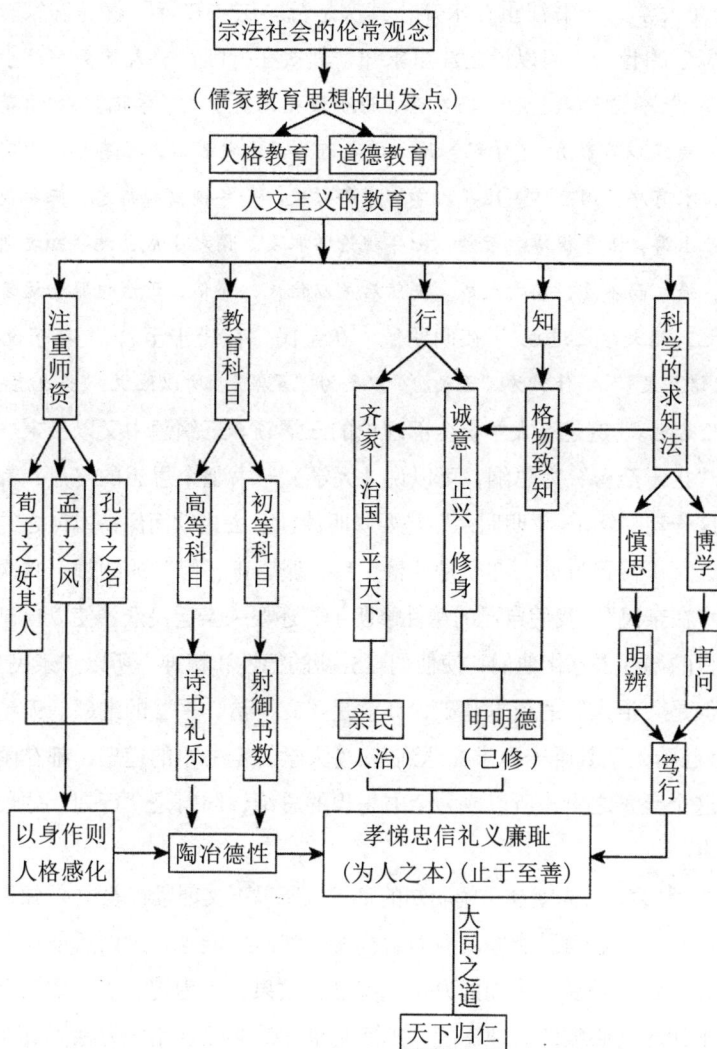

```
              ┌──────────────────┐
              │ 宗法社会的伦常观念 │
              └──────────────────┘
                      │
              （儒家教育思想的出发点）
                      │
        ┌──────────┬──────────┐
        │ 人格教育 │ 道德教育 │
        └──────────┴──────────┘
        ┌──────────────────────┐
        │    人文主义的教育      │
        └──────────────────────┘
```

注重师资　　　教育科目　　　行　　知　　科学的求知法

荀子之好其人　孟子之风　孔子之名　　高等科目　初等科目

齐家—治国—平天下　　诚意—正兴—修身　　格物致知

慎思　博学

诗书礼乐　射御书数

明辨　审问

亲民（人治）　　明明德（己修）

笃行

以身作则人格感化　→　陶冶德性　→　孝悌忠信礼义廉耻（为人之本）（止于至善）

大同之道

天下归仁

七、《大学》《中庸》与儒家教育思想

　　《大学》《中庸》两书包含儒家的全部伦理哲学、教育哲学，在我国思想界占最重要的地位。凡是研究中国古代哲学，尤其是研究

儒家的教育思想，不能不特别注意，所以我特地将这两书在教育思想上的贡献提出研究。

《大学》一书注重在求知，其次是行。这"知行"就是儒家教育思想的骨干。何以说是注重求知，其次在行呢？《大学》首章上开头就说："大学之道，冯友开《论小戴礼记》中之《学记》，亦自荀子之观点以言教育。《学记》论大学之道为'古之教者，家有塾，党有庠，术有序，国有学。比年入学，中年考校。一年视离经辨志，三年视敬业乐群，五年视薄习亲师，七年视论学取友，谓之小成；九年知类通达，强立而不反，谓之大成。夫然后足以化民，易俗，近者悦服而远者怀之，此大学之道也。'在明明德，在亲民，在止于至善。"荀子说："止诸至足。"以什么为"至足"？以圣为"至足"。所以他说："圣也者，尽伦者也。"这是《大学》全部理论的三纲领。三纲领中又以最末一句"止于至善"为总纲，可以说《大学》一书整个思想的终点，都在这一句总纲上。"明明德"是要修明德性。去人欲而保持本体之纯明，属于修己方面，亦就是"格、致、诚、正、修"的纲领。其次是"在亲民"。我们自己的德性修明了，还要去亲近民众，使以自己善良的德性去感化他们，使他们建立新的德性和精神，所以"亲民"不但是"治人"的根本基础，亦就是"齐、治、平"的纲领。无论"修己治人"其唯一要求在达到善。《大学》全书中的道理，都在阐明这个至善之由，所以成为全书思想的总纲，同时是"行知"的最终点。

《大学》首先就注重阐明知的宗旨。所以下文便紧接着说："知止而后有定，定而后能静，静而后能安，安而后能虑，虑而后能得。"这五小句都是讲的求知的方法、态度、效果，因为定、静、安三字是求知时所必须的心理态度，虑字是求知时必须使用的方法。其在求知程序的意思上是首先求得知止于至善的重心，把握重心而生的中心信仰，亦就是"知其所止"，有了中心信仰，心才能够定，才能够不动不易，自然能永恒于光明，臻于静安的态度。心理既定、静、安，再按着逻辑的方式去思考，自然能够有所得。得到以后，就是获得最后的胜利。

"物有本末，事有终始，冯友兰说：'然吾人如欲知物之本末，事之始终，则须对于事物，先有若干正确之知识。'《中国哲学史》。他并引《荀子·解蔽篇》以为证。知所先后，则近道矣"，这四小句是总结上文的，即是讲的做人做事的程序。所谓事物当然指的是明德和亲民。什么是本末、终始、先后呢？即如原注所云："明德为本，亲民为末，知止为始，能得为终，本始所先，末终所后。"凡人做人做事，能够依照这个程序，自然能近于道。

下一段由"古之欲明明德于天下者，先治其国，欲治其国者，先齐其家，欲齐其家者，先修其身，系本于《孟子·离娄篇》，《荀子·君道篇》所论平、治、齐、修的道理。欲修其身者，先正其心，欲正其心者，先诚其意，正心诚意与荀子所说的"专一"见本书第五章第二节荀子的教育思想。意义大概相同。欲诚其意者，先致其知，致知在格物"。宋儒对于"格物致知"颇多深见，可参阅本书第九章第三节。这七句至下文的"国治而后天下平"更证明求知的重要。先由平天下、治国、齐家、修身、正心、诚意层层推论归结于致知上，再由致知而发于诚意、正心、修身、齐家、治国、平天下，这样一来一往的推论，其来归结于致知，其往亦始于致知，可见求知在儒家教育思想上之重要。至于格物那更是求知必具的要件，求知如果失去格物的重要性，那是不能得到真知灼见的。

《大学》代表的是"絜矩之道"。《荀子·不苟篇》亦说："圣人者以己度者也；故以人度人，以情度情。"又说："五寸之矩，以尽天下之方也。"什么是絜矩之道呢？即是"所恶于上，毋以使下。所恶于下，毋以事上。所恶于前，毋以先后。所恶于后，毋以从前。所恶于右，毋以交于左。所恶于左，毋以交于右。此之谓絜矩之道"。蒋介石先生对于《大学》一书颇有研究，蒋著《科学方法之要义大学之道》。他将全书的意义列成一纲领，明简而确实，特录于下：

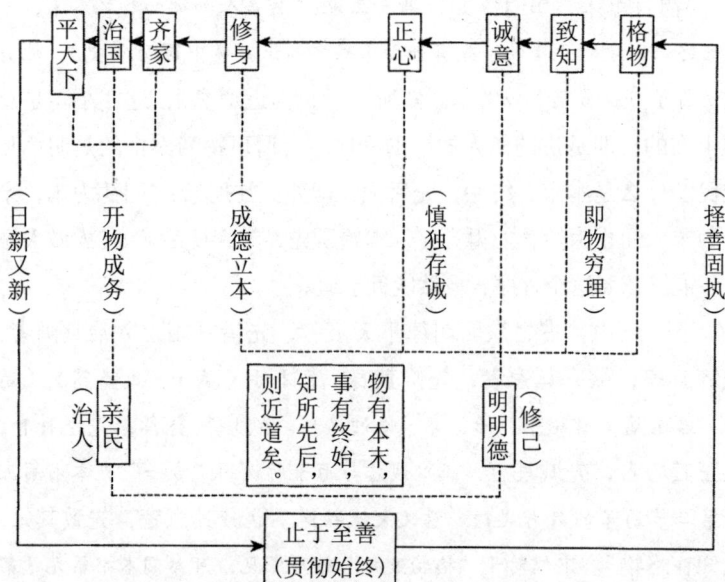

平天下 ← 治国 齐家 ← 修身 ← 正心 ← 诚意 ← 致知 ← 格物

（日新又新） （开物成务） （成德立本） （慎独存诚） （即物穷理） （择善固执）

（治人）亲民

物有本末，
事有终始，
知所先后，
则近道矣。

（修己）明明德

止于至善
（贯彻始终）

《大学》上分"明德、亲民、止于至善"三纲领，"格、致、诚、正、修、齐、治、平"八节目，互相联系，成而为一个系统。《中庸》上亦以"天命之谓性，率性之谓道，修道之谓教"区分性、道、教之意义。又以"自诚明谓之性，自明诚谓之教，诚则明矣，明则诚矣"，与率性之谓道，修道之谓教，互相联系，而成为一个系统。

《中庸》论治学的方法，更有独到之处，其精深合于科学为古今学者所公认。这个方法是什么呢？即是"博学之，审问之，慎思之，明辨之，笃行之"。准乎其法，再继之以"有弗学，学之弗能，弗措也；有弗问，问之弗知，弗措也；有弗思，思之弗得，弗措也；有弗辨，辨之弗明，弗措也；有弗行，行之弗笃，弗措也"。以这种精神去求学，定能到"虽愚必明，虽柔必强"的地步。

其余如"慎独""致中和""反求诸身""知仁勇""九经""择善固执""诚者成己成物""至诚无息""遵德性而道问学，致广大而尽精微，极高明而道中庸，《中庸》之道，乃孔子所已有。见《论语·雍也》。所言时中，亦与孟子所注重的时相同。见《孟子》《公孙丑上·万章、尽心》。温故而知新，敦厚以崇礼""万物并育而不相害，道并行而不相悖，小德川流，大德敦化""愚而好自用，贱而好自专""好学近乎知，力行近乎仁，知耻近乎勇"这些都是教育上的哲理，我们研究中国的教育思想，能不注意吗？

总之，《大学》《中庸》所具有教育的哲理，全是根据人文主义的教育思想而来的，如果忽视这两部书不去研究，那真不能懂得儒家教育思想的精深的所在。

八、墨子

（甲）墨子的时代背景及其阶层性　墨子生当春秋之末，农业经济日有进展，但民众的痛苦反日益有增。管子在《治国篇》上描写当时一般农民被剥削受压迫的惨状。至为明显。推其原因，不外下列几点：

一、人口增加，求过于供。

二、消费的人增加，生产的人减少。

三、统治者的压榨，苛捐杂税之繁，使人民担负过重。

四、诸侯之间互相征伐，岁无宁息，造成广大的兵灾。

五、干旱水灾，天然的灾祸无法弥救。

六、一般上层社会的人，忽略生产事业之提倡。

墨子处在这种混乱的社会中，眼见哀鸿遍野，于是他便主张在经济方面应当努力生产，节制消费，如非乐、节葬等是。在政治方面希望各诸侯不要互相攻伐，停止战争，整饬内政，成立贤能政府，用人公开，以贤能者为标准，如尚同、尚贤、非攻、兼爱等是。

我们细阅墨子的书籍和体察他所处的环境，不难确定他所代表的阶层了，墨子所代表的阶层，我认为是广大的被压迫者，其成分当以农民和小手艺者为主，在《尚贤》《天志》《兼爱》《非攻》诸篇上表示的十分明白。如《尚贤篇》中说："……王公大人明乎以尚贤使能为政，是以民无饥而不得食，寒而不得衣，劳而不得息，乱而不得治者。故古圣王以审以尚贤使能为政，而取法于天。虽天亦不辩贫富贵贱远迩亲疏，贤者举而尚之，不肖者抑而废之。"又如他所谓的"大家""强者""贵者""多诈者"不用说是代表统治者；"小家""弱者""贱者""愚者"不用说是代表被统治者。这更证明他所代表的阶层，是属于被压迫的农工了。

（乙）**墨子思想的要点**　儒、墨两家学术思想之相反，其唯一原因当然不出下述的两点：一个是时代背景的原因，一个是立场不同的原因，一般的说来，墨子思想虽较儒家的进步，但是完全失去时代性，成为一个乌托邦，这是他思想的第一要点。墨子不完全同意孔子所谓的"述而不作，信而好古"《论语·述而》。的主张，他在《非儒篇》上说："又曰君子循述。而不作。"应之曰：古者羿作弓，伃作甲，奚仲作车，巧垂作舟；然则今之鲍、函、车、匠，皆君子也，而羿、伃、奚仲、巧垂，皆小人邪？且其所循，人必或作之，然则其所循皆小道也。又《耕柱篇》载："子墨子曰：'不然，令其甚。不君子者，古之善者不诛述。今也之。善者不作。其次不君子者，古之善者不遂述。'已有善则作之，欲善之自己出世：今诛而不作，是无所异于不好遂而作者矣。吾以为古之善者则诛之，今之善者则作之，欲善之益多也。"由此看来，可见墨子是一面维持古代文化，一面又在自己所代表的新社会层中创造新的文化，这是他思想的第二要点。墨子既是拥护农工的利益，所以他反对儒家的厚葬、久丧，而主张节葬、短丧；反对儒家的"生死有命，富贵在天"之说，而主张非命；反对儒家的重祭祀，而主张"鬼神之能赏贤而罚暴"的明鬼论；反对儒家的不顾万民之利的乐，而主张非乐；反对儒家以提倡王道以代替霸道的空洞的和平论，而主张更具体更彻底的非攻，反对儒家拥护贵族政治，而主张政府官吏应以贤能为标准的尚贤政治；反对儒家不顾惜人民负担，只图文饰铺张，而主张节用。总之墨子的思想完全是以农工的利益为其出发点的。这是他思想的第三要点。墨子的思想既出发于农工阶层，所以他的主张完全是很合于实际的，客观的、空洞玄妙的思想学识他是不赞同的。这是他思想的第四要点。以上四点都是认识墨子最重要的关键，亦是我们研究他的教育思想，必须先解决的问题。

在春秋战国的思想界中，墨子是个革命者。但在行动方面他并不怎样热烈的去干，即是说他并没有如何努力地去领导农工群众起来斗争。他唯一的策略是：一面以文字竭力攻击那时现有的政治，暴露当时社会的一切罪恶，代表被压迫的农工呼吁，一面又与压迫者表示友善，希望能够在和平的方式上取得压迫者对农工群众的同情。他所以大谈其兼爱主义，即是想以兼爱的思想去激发一般治者们的仁慈心。综观墨子全部思想与行为，可以说是个理论的革命者，而不是行动的革命者。总括说来就是个改良主义的思想家，即有行动，亦不能超越改良主义的范围以外，这是我们对于墨子的总认识。

（丙）墨子的教育思想 前面已经说过墨子一面拥护旧有文化，一面又创造新文化。在教育思想上，仍是一样。他既相当的赞同孔、孟的人文主义的理论，而又创造以实用主义为主体的新教育思想。因之，我论墨子的教育思想就以实用主义为体，人文主义为表，这样才能说明墨子教育思想的整个理论，这样，才不与他的整个思想发生矛盾。不然，就要东说一阵，西说一阵，对于任何问题都没有方法去说明，不能有系统的认识。

墨子亦很敬慕古人，尤以禹为重，大概因他认识禹是个力行的人，与他的习性相投合的缘故吧？他理想中的人物是君子仁义，造成君子仁义之唯一要件是学问与品行，所以墨子很注重品行之修养的。他说："君子战虽有阵，而勇为本焉，丧虽有礼，而哀为本焉，士虽有学，而行为本焉。"《墨子·修身篇》。可见士虽有学问，但仍要有品行的修养，这品行就是为士之根本。他又在《尚贤篇》上说："譬若欲众其国之善射御之士者必将富之、贵之、敬之、誉之，然后国之善射御之士，将可得而众也。况又有贤良之士，厚乎德行，辩乎言谈，博乎道术者乎？"他以为德行冠于言谈道术，贤良之士应重于德行。惟其重视德行，所以他主张取先王之书有益于德行修养的来教人。如他说："翟以为不若诵先王之道而求其说，通圣人之言而察其辞；上说王公大人，次匹夫徒步之士。王公大人用吾言，国必治；匹夫徒步之士用吾言，行必修。"《墨子·耕柱篇》。

墨子是个实用主义的教育家，他反对空洞的抽象知识，因而他主张：

第一，知识须合于实际。要能见能听的知识，才算是知识。并且还要众人看见，众人听着，才能相信其真实，所以他说："天下之所以察知其有与无之道者，必以众之耳目之实知有与无为仪者也。诚或有以闻之见之，则必以为有；莫闻莫见，则必以为无。"《墨子·明鬼篇》。知识之有无，既以见闻为标准，则人之于仁义道德，亦应如此，所以墨子又说："今天下之君子之名仁也，虽禹、汤无以易之。兼仁与不仁而使天下之君子取焉，不能知也。故我曰：'天下之君子不知仁'者，非以其名也，亦以其取也。"《墨子·修身篇》。可见仁义道德亦须适合于实际行为，空口言仁义道德是丝毫无益的，空言仁义道德的人是毫不足尊尚的。但如何才能使学问能合乎实际行为呢？这就要理解墨子的"三表"法之意义。什么是"三表"法呢？即是他说的"故言必有三表。何谓三表？子墨子言曰：'有本之者，有原之者，有用之者。于何本之？上本之于古者圣王之事。于何原之？下原察百姓耳目之实。于何用之？废以为刑政，观其中国家百姓人民之利。此之谓言有三表也。'"《墨子·非命篇》。三表之意义就是叫人实有所本，实有所原，实有所用，完全是由"实"和"利"中产生出来的。所谓"实"当然是耳目所闻见，可以实际证明的。所谓"利"当然是指"废为刑政，观其中国家百姓人民之利"，能以发生实际利益的。其次，我们还要明白墨子之"三表"法，完全是站在农工的观点上和利益上的一种实际应用的工具。*李季著《胡适中国哲学史大纲批判》*。

第二，行为须本乎大众的实际利益。墨子既主张学问重于实用，实用即行。就要以大众利益为本。他在《节用篇》上说："诸加费不加于民利者，圣王弗为。"又在《非乐篇》上说："仁之事者，务求兴天下之利，除天下之害。"前段中的"诸加费不加于民利者"和后段中的"务求兴天下之利"的"利"都是代表大众利益的，凡合乎大众利益的事，就是我们应该做的，应该做的，即能合乎义，所以义之标准又在于喜恶，《经》上说："义，利也；利所得而喜也，害所得而恶也。"墨子又恐人不能彻底明白"义""利"之意思，故又提倡"兼爱"以阐发之。如"盗爱其室，不爱其异室，故窃异室以利其室，贼爱其身不爱人身，故贼人身以利其身。……大夫各爱其家不爱异家，故乱异家以利其家。诸侯各爱其国不爱异国，故攻异国以利其国"。《墨子·兼爱篇》。无论盗贼、大夫、诸侯，若能相爱，不去窃异室，不去贼人身，不去乱异家，不去攻异国，则天下就可以太平无事，所以说"兼相爱则治，交相恶则乱"这种"公尔忘私"的思想是以个人主义为立场的人所不能具有的。

第三，学问贵乎适合环境之需要。凡适合环境需要的知识，便是真知识，即是真理。凡合于大众利益的行为，就是正当的，亦是应该去做的，墨子不相信世间有永久的真理，有一定的真理可以"放诸四海而准，百世以俟圣人而不惑"的。这即是说真理是有时间性与空间性；某一真理在此时此地有效，但若异时异地则失去效用，所以他说："凡入国必择务而从事焉。国家昏乱，则语之尚贤，尚同；国家贫，则语之节用，节葬；国家喜音湛湎，则语之非乐，非命；国家淫僻无礼，则语之尊天，事鬼；国家务夺侵凌，则语之兼爱，非攻：故曰择务而从事焉。"《墨子·鲁问篇》。又说："彭轻生子曰：'往者可知，来者不可知。'子墨子曰：'籍设而亲在百里之外，则遇难焉，期以一日也及之，则生；不及，则死。今有固车良马在此，又有奴马四隅之轮，使子择焉，子将何乘？'对曰：'乘固车良马，可以速至。'子墨子曰：'焉在矣来？'"《墨子·鲁问篇》。

第四，从理论到实践。墨子是个力行的教育家，他不但从理论上去教人，而且还要教人实践的方法。即以非攻而论，他除了阐发非攻的理论而外，尤重于非攻的方法之实验，如禽子问他："今之世常所以攻者，临、钩、冲、梯、堙、水、穴、突、空洞、蛾傅、轒辒、轩车，敢问守此十二者奈何？"《墨子·公输篇》。墨子遂语以守城之具六十六事。

上述的"知识须合于实际""行为须本乎大众的利益""学问贵乎适合环境之需要""从理论到实践"这四项，很可以说明墨子实用主义的教育思想的全部理论，其余的都是枝节问题。不过我们还须认识墨子是个尚节俭尚勤苦的人，他教学生亦要养成刻苦耐劳的精神，庄子《天下篇》有云："不侈于后世，不靡于万物，不晖于数度，以绳墨自矫，而备世之急。"其使学者"以裘褐为衣，跂蹻为服，日夜不休，以自苦为极。"又如禽滑釐之事墨子，则"手足胼胝，面目黎黑，役身给使，不敢问欲"。而他自己宣传他的主义亦是刻无宁处，如文子说："墨子无暖席。"班固说："墨突不黔。"赵歧说："墨突不及污。"可见墨子一生是如何的节俭勤苦啊！他的伟大人格的修养，在当时亦只有能代表农工意识的人才能具有的。有人认为墨子生活之苦，是他不知富贵生活之舒适，不知道领受礼乐之嘉妙，这种说法，真有污损墨子伟大的人格。

（丁）墨子对于儒家六艺的批评　首先论墨子对于礼、乐的批评。墨子对于礼的态度是折衷的，他在《非儒篇》引晏子的议论，痛斥儒家繁礼之害："孔丘盛容修饰以蛊世，弦歌鼓舞以聚徒，繁登降之礼以示仪，务趋翔之节义观众；博学不可使议世，劳思不可以补民，累寿不能尽其学，当年不能行其礼，积财不能赡其乐，繁饰邪术以营惑也。世君，盛为声乐以淫遇愚也。民。其道不可以期世，其学不可以导众。"于此知道墨子所痛斥的为繁礼，并非根本否认礼之存在。他觉得礼如过繁，反为有害，所以他说："其乐愈繁，其治愈寡"；简单的礼，他仍是赞同的，如他主张的"桐棺三寸，服丧三月"的办法。至于他对乐的态度，只承认乐的历史事实，而不相信乐能治理国家，所以他坚决反对的说："子墨子之所以非乐者，非以大钟鸣鼓琴瑟竽笙之声以为不乐也；非以刻镂华文章之色以为不美也；非以犓豢煎炙之味以为不甘也；非以高台厚榭邃野之居以为不安也。虽身知其安也，口知其甘也，目知其美也，耳知其乐也，然上考之不中圣王之事，下度之不中万民之利；是故子墨子曰：'为乐非也。'"《墨子·非乐篇》。可见墨子并非不知乐之好处，明知乐可以安身、甘口、美目、乐耳，但他仍要持非乐之论，就是因为当时所提倡的乐是"下度之不中万民之利"。

墨子认为射、御是种职业，应与学问分开。《公孟篇》载有二三子请学射。他说："不可，夫知者必量其力所能至而从事焉，国士战且扶人，犹不可及兼。也，今子非国士也，岂能成学者又成射哉？"

足见墨子认射与学为两事。不过我们要明白射箭驾车之事，在墨子那时，或者已由普遍性而成为带专门性的职业化了，所以他认为射、御不是一种重要的学问，读书的人，最大限度可以射、御锻炼身体陶冶品行。

其次，墨子对于书、数是取赞同的态度。何以故？因为，他要诵古先王之道，必然精于书法。至于数，墨子更有很大的贡献，《墨经》*冯友兰论《墨经》较为正确，读者可阅《中国哲学史》上卷便知。*中包含有几何学的定理，如"圆一中，同长也"，这全与几何学中求圆的定理相同。

归纳墨子对儒家六艺的批评是：对礼、乐持的折衷态度，他反对的是繁礼淫乐。对射、御主张与学问分开，射、御只可以作为锻炼身体陶冶品行之工具。对书、数是赞同的，而与数还有新的贡献。墨子对六艺之批评，为什么各有不同呢？唯一的是根源于他的两重原因——阶层立场与实用主义的教育思想。

九、儒墨两家教育思想的异同及其原因

儒家注重于人文主义，墨子注重实用主义，这就是儒墨两家教育思想相异的第一原则。

儒家的"有教无类"主张是不彻底的，墨子主张教育应彻底的平等；他的平等思想在《兼爱》《尚贤》《尚同》诸篇文中，充分表示出来，这就是儒、墨两家教育思想相异的第二原则。

两家教育思想的原则上既不同，则目的、方法、科目自然亦有相异之点。兹将两家之教育科目举出以为例。

（一）儒家的科目

礼、乐、射、御、书、数、《诗经》《书经》、德行——就是理，言语——就是修辞学、政事、文学。

（二）墨家的科目

书、数——含有几何学、物理学在内，《诗经》《书经》，列国《春秋》，德行——修身，谈辩——就是雄辩学，兵事学——含有建筑

学等。王一鸿著《中国古代教育思潮》。

儒、墨两家的教育思想相同的很少，唯一相同点，即是墨子的教育思想亦带有复古的色彩。儒家所注重的人文主义，在墨子的思想领域中亦占有一小部分的力量，如品行的修养，性情的陶冶，义德之养成等都与儒家所主张的相同。

其次，我们要研究儒、墨两家教育思想异同之原因安在？这个原因我想以前的学者，是一点不能认识的。韩愈读墨子云："儒墨同是尧舜，同非桀纣，同修身正心以治天下国家，奚不相悦如是哉？余以为辩生于末学，各务售其师之说，非二师之道本然也。孔子必用墨子，墨子必用孔子；不相用，不足为孔墨。"代表儒学的韩愈因为说不出他们不相悦的原因，于是便主张调和，劝两家息争。这除了表示儒家思想之缺乏斗争性外，还有什么意义呢？现今少数学者仍不能识其原因安在？于是仅说："而其采取之态度，则微有不同。"见马超俊著《中国社会思想之嬗递》。真如此说，儒、墨同是尧舜，所取之态度微有不同，何以两家之争辩有如是激烈呢？我们以为有几点主要原因，形成儒、墨两家的思想不能两立。

第一点原因，我认为是儒、墨两家的阶层立场不同，所拥护的阶层利益各异，由此而产出来的社会意识，当然是不同的。

第二点原因，我认为儒家拥护的全是旧社会，即封建社会。墨家却是反对封建的，立于新的社会里。以站在拥护旧社会的立场上所有的意识当然与站在新进的社会的立场所有的意识完全针锋相对。

第三点原因，我认为儒家思想到了孟子时候，受墨子之攻击算是第二次。第一次被老子之攻击，已经惶惶不安，迄乎孟子，墨学大盛，孟子因受非儒之严重影响，不甘屈服，所以起而与墨子抗辩。

前两点是两家思想不同的社会原因，后一点是两家思想不同的人事原因，故前者重，后者轻。

因为，有了上述三点原因，所以两家思想形成水火，因而，孟子、墨子随时都在抗辩中过活。孟子骂墨子道："杨氏为我，是无君也；墨氏兼爱，是无父也。无父、无君是禽兽也。"《孟子》。而墨子反斥儒家思想为"其道不可以欺世，其学不可以导众"，可见他们双方辞战之激烈。

儒、墨两家思想既如上述之不可调和，为什么又有相同之点呢？表面看来是个矛盾，其实一点不矛盾；因为墨子与儒家诸子都生在春秋战国时代，在整个大的生活环境中，人的一切当然免不了旧势力的袭击与熏染。何况那时新起的力量还很薄弱，斗争的方法不进步，阶层的尖锐还不十分明显，因之，反映出来的意识形态的界限，自然亦不如何的鲜明，所以墨子的思想仍带有不少的复古色彩。这亦是墨子为什么要成为一个折衷派以及墨学为什么不能与儒学相存于今日的唯一原因。

十、老子

（甲）老子思想的纲要　要明白老子的教育思想，必先明白他思想的全部；因为他的教育思想是根据他全部思想而出发的。老子的思想有四个要点：

第一，老子的思想以"无为"为体，主张回复到原始的自然社会。他根据无为而无不为的自然道理，反对神权，反对仁义，反对智慧，反对现存社会的一切不自然的约束，所以他说："处无为之事，行不言之教。万物作焉而不辞，生而不有，为而不恃，功成而弗居。夫唯弗居，是以不去。为无为，则无不治。"《老子》二章三章。又说："绝圣弃知，民利百倍；绝仁弃义，民复孝慈；绝巧弃利，盗贼无有。我无为而民自化，我好静而民自正，我无事而民自富，我无欲而民自朴。"《老子》九十七章。

第二，老子为要反对现存的封建社会，必须首先反对神权思想，并认定生天地万物者非神，乃自然之物所构成。他说："有物混成，先天地生。寂兮寥兮，独立而不改，周行而不殆，可以为天下母。吾不知其名，字之曰道，强为之名曰大。"《老子》二十五章。老子所言的道即是他的宇宙论，宇宙的生成，完全听于自然，并非为神所主宰，这是他的见识超一等的所在。

第三，反对封建社会的经济组织。农业经济为封建社会的经济基础，惟当时的农业组织，完全以食邑为基础，人民负担过重之租税劳役，致不能自给，所以他反对地租，痛快的说："民之饥以其上食税之多，是以饥；民之难治，以其上之有为，是以难治；民之轻死，以其上求生之厚，是以轻死。"《老子》七十五章。

第四，反对现存政治组织。他说："天下多忌讳，而民弥贫；民多利器，国家滋昏；人多技巧，奇物滋起；法令滋章，盗贼多有。"《老子》五十七章。

综观老子之思想，实于近世的无政府主义相近。人谓他为极端的革命派，我以为不然，因为，老子自然反对当时的封建社会，但是主张旧社会崩破后，回复到原始的自然社会，这不是开倒车的落伍思想吗？

（乙）自然主义的教育思想　老子在政治上既主张"无为而治"，对其他的社会意识形态，如智慧、仁义、巧利等都一概禁绝，果如是，那便无教育可言了。因此，他主张"不言之教"，故曰："……是以圣人处无为之事，行不言之教。"《老子》六章。这种"不言之教"即是自然教育的意思。准乎自然教育之趋向，可以使民自化、自正、自富、自朴，亦即是自然教育的功效达到登峰造极的时候。同时墨子的"见素抱朴，少私寡欲，绝学无忧"《老子》十九章二十章。的教育目的，亦可达到了。

老子以为自然教育能够达到婴儿的程度，便到至善之境。他说："专气致柔，能婴儿乎？"《老子》十章。"常德不离，复归于婴儿。"《老子》二十八章。因为，婴儿是不识不知的最天真的状态，这种状态，最能代表自然主义的精义。《道德经》对于归复于婴儿的状态，阐发至详，如"众人熙熙，如享太牢，如春登台。我独泊兮，其未兆；沌沌兮，如婴儿之未孩；累累兮，若无所归。众人皆有余，而我独若遗。我愚人之心也哉，沌沌兮。俗人昭昭，我独昏昏。俗人察察，我独闷闷。澹兮其若海，飂兮若无止。众人皆有以，而我独顽且鄙。我独异于人，而贵食母"。老子注意于婴孩天赋状态的发展，与卢梭的主张完全一致。

老子对于礼、乐，是持的反对态度，他不但反对礼、乐，而且否认以前的教育。他说："古之为道者，非以明民，将以愚之。"《老子》六十五章。即是说以前的教育方式，不但不能明民，且使人民往愚笨的道路上去。老子反对礼、乐的言论见于《道德经》。他说："礼为忠信之薄而乱之首。"韩非子《解老篇》说："……由是观之，礼繁者，实心衰也。然则为礼者，事通人之朴心者也。众人之为礼也，人应则轻欢，不应则责怨。今为礼者事通人之朴心而资之以相责之分，能毋争乎？有争则乱，故曰，夫礼者，忠信之薄也，而乱之首乎？"孔子问礼于老聃，老子说："子所言者，其人与骨皆已朽矣，独其言在耳。"这更明白表示反对礼治的办法。《史记》。

十一、庄子

庄子思想源出于老子，故同为道家之代表。但庄子受环境之逼促，思想界之混乱，益使他的思想较老子尤为激烈。他的根本思想为自然主义，所以他一概否定"有无""大小""是非""善恶"的分别，并进而否定了他自身存在的价值，如《天下篇》上说的"独与天地精神往来，而不敖倪于万物，不谴是非，以与世俗处；……上与造物者游，下与外死生无终始者为友"。这几句话不但是庄子思想的概要，而且说明他的自然主义思想有二要义：一是取法于自然，一是与自然接近。

庄子的教育思想仍以"不言之教"为主体。"不言之教"有三说：

第一，因其自然，无须教言。他说："天地有大美而不言，四时有明法而不议，万物有成理而不说。圣人者，原天地之美，而达万物之理，是故至人无为，大圣不作，观于天地之谓也。"《庄子·知北游篇》。所谓"不言""不义""不说"都是"不言之教"的根据。他主张教育应取法于自然，即是说教育的目的、方法等都不应违背自然。但是，要如何去取法自然呢？唯一的妙法就是要使人与自然接近。如他描写子綦以自然教育养他的儿子说："吾所与游者，游于天地。吾与之邀乐于天，吾与之邀食于地；吾不与之为事，不与之为谋，不与之为怪。"《庄子·知北游篇》。文中所说的"游于天地""邀乐于天""邀食于地"就是接近自然的意思,要使小孩时时接近自然,在自然的环境中听其自由自在的发展。

第二,道可道,非常道,道不可以言语传达。《知北游》篇上说:"知北游于玄水之上,登隐弅之丘,而适遭无为谓焉。知谓无为谓曰:"予欲有问乎若:何思何虑则知道?何处何服则安道?何从何道则得道?"三问而无为谓不答也。非不答,不知答也。知不得问,反于白水之南,登狐阕之上,而睹狂屈焉。知以之言也问乎狂屈。狂屈曰:"唉!予知之,将语若。中欲言而忘其所欲言。"知不得问,反于帝官,见黄帝而问焉。黄帝曰:"无思无虑始知道,无处无服始安道,无从无道始得道。"知问黄帝曰:"我与若知之,彼与彼不知也,其孰是耶?"黄帝曰:"彼无为谓真是也,狂屈似之,我与汝终不近也。夫知者不言,言者不知,故圣人行不言之教。"

第三,德充于内,而人化于外,自然感化,不待教言。如《德充符》篇上说的王骀,言形不全,不言而能自化。又如哀骀它为一形恶之人,不言而人忘其恶。以此两事作证,可见德充于内,而自化于外,不待教言。

庄子对于礼、乐亦深加痛斥,《骈拇篇》说:"屈折礼、乐,乡愈仁义,以慰天下之心者,此失其常然也。"《马蹄篇》说:"及至圣人,摘僻为礼,而天下始分矣。……圣人屈折礼乐,以匡天下之形,县跂仁义,以慰天下之心,而民乃始踶跂好知,争归于利,不可止也。此亦圣人之过也。"庄子为何要痛斥礼乐呢?沈雁冰先生说得很对。他说:"庄子推求原始共产社会所以破坏之故,以为全因有了圣人来制礼作乐,鼓吹仁义,以至民争归于利,不可复止,而天下每每大乱,故他以为只要废礼乐,弃仁义,黜圣人,便可以回到从前的原始共产社会。"沈选著《庄子》序言。

十二、道家教育的要点

从老、庄的教育思想分析所得,我们可以知道道家教育思想的要点如下:

第一，论教育思想在于"见素抱朴，少私寡欲，绝学无忧"，使人回复到原始自然社会，不识不知，无争无夺，天下自然太平。再者人对世间的是非善恶，概抱达观，能超出"形骸之外"。

第二，论教育方法在于行"不言之教"。因为，"不言之教"有三种涵义：一，因其自然，无须教言；二，道可道，非常道，道不可以言语传达；三，德充于内，而人化于外，自然感化，不待教言。

第三，对礼、乐持反对态度。老子斥礼、乐为忠信之薄，乱之首。庄子痛非圣人制礼作乐，鼓吹仁慈，以至民争归于利，天下纷乱不止。

第四，总结道家教育之思想，实出发于乐天的感情的自然主义，与十八世纪卢梭所提倡的自然主义教育有同样的见地。不过老子所主张的自然主义教育，不如卢梭所主张的彻底，因为老子只根据婴儿的天赋，而未能注意其自发活动，其结果仅养成一些乐天安命达观消极的无用之民，但是，老子，并不因此而失去其在教育史上的地位。

十三、管子

管子治国之策实以民生为体，法治为用。即是说治国之唯一要道，在于使人民衣食物足，能安居乐业，法不过是达到民生问题解决之一种方法而已。所以他说："凡治国之道，必先富民。民富则易治也，民贫则难治也。奚以知其然也？民富则安乡重家，安乡重家则敬上畏罪，敬上畏罪则易治也。民贫则危乡轻家，危乡轻家则敢陵上犯禁，陵上犯禁则难治也。是以善为国者，必先富民，然后治之。"《管子·治国篇》。等到仓廪实衣食足以后，再立之以法，则国家必能臻于富强之道。因之，管子非常注重法，他觉得儒家所谈的仁、义、礼、乐都是空洞的东西，法才是种实际而具体的东西，如果法立国治，则仁、义、礼、乐自然兴起。故曰："法者民之父母也。"《管子·任法篇》。又说："法者天下之至道也，圣君之实用也。"《管子·任法篇》。所谓至道，即是道达于极点。所谓实用，即是实际而具体的意思。管子这种思想真可谓之为唯实的。

根据管子的思想原则去研究他的教育思想，那是很容易的。管子的教育思想有四点：

（一）主张民主为教育的第一根基。管子对于教育亦认为很重要。他说："礼、义、廉、耻，国之四维；四维不张，国乃灭亡。"《管子·牧民篇》。但是要使人民知道礼、义、廉、耻，有机会受教育，必先使人民丰衣足食，不然怎能谈到礼节与荣辱呢？所以他说："仓廪实而知礼节，衣食足而知荣辱。"《管子·侈靡篇》。这就是民生为教育的第一根基的唯一有力的证据。

（二）主张法为教育的第二根基。人民衣食即是已裕，但是无法以治之，则仍难免于危乡轻家，陵上犯禁，攘夺窃盗之事，所以他说："所谓仁、义、礼、乐者，皆出于法。"《管子·任法篇》。

（三）主张从职业上区分人民的教育。他说："士、农、工、商四民者，国之石民也，不可使杂处，杂处则其言咙，其事乱。是故圣王之处士必于闲燕，处农必就田野，处工必就官府，处商必就市井。"《管子·小匡篇》。如此，则可使士、农、工、商各等人"少而习焉，其心安焉，不见异物而迁焉。是故其父兄之教不肃而成，其子弟之学不劳而能"。《管子·小匡篇》。

（四）主张军国民教育。《兵法篇》论军国民教育至详。他说："作内政而寓军令焉……内教既成，令不得迁徙。故卒伍之人，人与人相保，家与家相爱，少相居，长相游，祭祀相福，死丧相恤，祸福相忧，居处相乐，行作相和，哭泣相哀。是故夜战其声相闻，足以无乱；昼战其目相见，足以相识；欢欣足以相死，是故以守则固，以战则胜。"这种主张与斯巴达的军国民教育形式相似。因为斯巴达国内人民悉受军队式的编制和训练。人民到七岁以后，称为"国家之子"，离开家庭，入公共教育场，过共同的组织的规律的刻苦生活，并注重于军事训练。

十四、商君

商君富于创造性，做事很勇毅，立法更严。法严必先使民信，所以他是中国古代不可多得的实干政治家。他主张严格教育因而怀疑儒家所说的仁义，商君并非否认仁、义本身的意义，而是怀疑儒家所说的仁义的实践可能。以为仁义施教，如果没有便人必信之法，必行之力，则其功效，直等于零，故曰："仁者能仁于人，而不能使人仁，义者能爱于人，而不能使人相爱"，《商君书·画策篇》。其次，他主张重农。《农战篇》上说："虽有诗书，乡一束，家一负，独无益于治也。故先王反之于农战……说者得意，道路曲辩，辈辈成群，民见其可以取王公大人也，而皆学之。夫人聚党说议与国，故其民农者寡而游食者众，众则农者殆，农者殆则土地荒，学者成俗，则民舍农从事于谈说，高言伪义，舍农游食，而以言相高也。"再其次，他尚武，故重战。总之，商君的教育思想是实利的、军国的、严格的。

十五、韩非子

韩非子为法家之急进派，他主张教育的目的在使人民能够守法，做事能够立法，教育的方法亦是采用法，所以说韩非子的教育思想不外一个"法"字，如他说："明主之国，无书简之文，以法为教；无先生之语，以吏为师。"《韩非子·五蠹篇》。他站在法家的立场上，更主张以法来训练学生，他说："夫圣人之治国，不恃人之为吾善也，而用其不得为非也，恃人之为吾善也，境内不什数，用人不得为非，一国可使齐为治也。"《韩非子·显学篇》。这里所谓的圣人是法家的圣人，故主张强制教育。若不施以强制教育，则决不能收着效果，所以韩非子又说："今有不才之子，父母怒之不可改，乡人谯之不为动，师长教之弗为变。夫以父母之爱，乡人之行，师长之智，三美加焉，而终不能动其胫毛。……州部之吏，操官兵推公法而求索奸人，然后恐惧，变其节易其行矣。——故父母之爱，不足以教子，必待州部之严刑者，民固骄于爱听于威矣。"《韩非子·显学篇》。法家既主张严刑明法以教人，对于自然主义的教育，以及启发式的教育，是不赞同的。

韩非子对于儒家的尊古法先王是反对的，他在《五蠹篇》中论第一蠹便是法先王行仁义的儒家。他说："称先王之道以籍仁义，盛容服而饰辩说以疑当世之法而贰人主之心。"韩非子为什么要反对儒家的尊古法先王呢？因为，他认为儒家的尊古法先王都是不合于时代需要的，所谓既不切时又不切实者是。因此，他主张教育要合于时代的需要，又要切合于实际的实用。如果反此而行，空谈仁义，是绝难收效的。他说："仲尼天下圣人也，修行明道，以游海内，海内说其仁，美其义，而为服役者七十人。盖贵仁义者寡，能义者难也。故以天下之大，而为服役者七十人，而仁义者一人。"《韩非子·五蠹篇》。

十六、法家教育思想的要点

我们从管子、商君、韩非子三氏的教育思想中，可以得出法家教育思想的共同点。

第一，认识民生为教育之前提。商君、韩非子虽没有明白的说，但是站在法家的道统上去认识，则仍不失其为法家教育思想的共同点。

第二，法律即是教育。法家主张以法治国，所以认法律为教育之手段，无法律教育即不能成立。如管子的礼、义、廉、耻出于法，商君、韩非子的以法立教，就是这种思想的结晶。

第三，注重严格训练。法家认为仁义都是很抽象的，教育的本身并无何种力量，必待施教的人，严之以法，施行严格训练，使人不得为非。

第四，知识贵在合时与实用。这点是法家认为很重要的；因为，他们在政治上主张以法治国，其重知识之合时切实是必然的。法家一致斥儒家之仁义为空洞的落后的原因即在于此。

第五，重农重战。商君的重农论见于《农战篇》。管子论军国民教育见于《兵法篇》。无论重农重战，要皆以法家之实利主义思想为出发点。

十七、诸子教育思想之总结

诸子的教育思想至此已终，本段就是对诸子的教育思想加以总清算。周、秦时代的思想派别很多，有分为九流的，有分为六家的，有分为道家、墨家、法家、儒家四派的，梁任公、胡适之均是如此分法。有依各家所代表的阶层背景而分为老庄系、儒法系、墨子系、许行系的。李季是如此分法。其余的人的分类，大概不出上述的两大系统，故不多述。我们赞成四派的分法，不过秩序上稍有变更，即是儒家、墨家、道家、法家四派。现在我就以四派的先后，以作清算诸子教育思想的秩序。

儒家的哲学思想出发于拥护封建社会的立场上，他的伦常观念产生于巩固宗法制度的领域中。在政治方面主张礼治、仁政，以正名分，立纲纪，从治标方面挽救当时社会的纷乱。在教育方面注重人文主义，以伦常道德与礼、乐为教育之纲目，从治本以巩固那时行将崩溃的社会。儒家的人文主义的教育思想实与欧洲的三大教育家——苏格拉底、柏拉图、亚里斯多德的思想相合。

墨家的首领墨子，以农工利益为出发点，在经济上主张努力生产，节制消费；在政治上主张息争，整理内政，以尚贤、尚同、兼爱等思想为修明内政之标准；在教育上一面赞同儒家的人文主义，一面又提倡实用主义，以矫正儒家在教育思想上的错误。至于墨子对于六艺的批评，是采取折衷的态度。

道家的思想完全出发于复古的立场上，因而，在政治方面：主张"无为而治"，取法自然，适应自然，期于回复到原始的自然社会。在教育方面：论目的为"绝圣弃智，返朴归真"。达于使民自化、自正、自富、自朴的境地。论方法以"因其自然，无须教言；道可道，非常道，道不可以言语传达；德充于内，而人化于外"三说，"不言之教"。道家既主张自然主义的教育，故对于儒家的礼、乐亦持反对态度。

法家的思想产生于改造主义的立场上，但改造必颜有种实际的力量。其所谓的力量就是"法"，故主张以法治理国家。在教育方面：以"民生"与"法"为教育之两大根基，在实利主义的立场上，主张严格教育，知识须合时切实。并重农、尚武，以固民生，而励民族精神。

第三节 春秋战国教育思想之特征

我们综合诸子的教育思想，以及春秋、战国社会的特质加以总分析，就可以知道当时教育思想的特征。

第一，春秋、战国时代的社会生活经常在动的状态中，所以教育思想是革新的变动的。代表儒、墨、道、法各家思想的诸子，即是这革新、变动思想的创造者。

第二，春秋、战国时候，社会阶层的界限较前时代为明显，阶层基础亦因儒家认"劳心者治人，劳力者治于人"是公理，更形巩固。由社会制度的实际反映，教育思想具有阶层性，实是必然的。胡适之先生说："古代社会有贵贱、上、下、劳心与劳力、治人与被治种种阶级。古代的知识和道德论都受有这种阶级制度的影响……教育学说亦受了这种影响，把知与行、道德与智慧，学校内的功课与学校外的生活等都看作两截不相连贯的事。"《胡适文存》卷二。

第三，当时教育思想虽因各家私人自由讲学之故而成种混乱的状态，但是，仍有一定之轨道可寻。这一定的轨道是什么？即是各家的思想都是针对着当时社会生活变动的性质、趋向、程度而产生的，即是说各家之思想随社会生活变动的性质、程度，而愈趋于时代切实化。譬如法家的思想至商君、韩非子的时候，其合时切实当较管子而过之。再以这时代的整个教育思想发展的趋向而论，很明白的可以看出是由人文主义而自然主义，再发展到实用主义和实利主义。发展的路线当然不是垂直的，而是曲折的。孔、孟、荀三氏实足代表人文主义，老、庄二氏实足代表自然主义，可见自然主义思想在中国古代已有相当的地位。墨子实足代表实用主义，管、商、韩三氏实足代表实利主义。这个发展的程序，无论何人研究中国古代教育思想恐怕亦不能否认的吧？

第四，这时代的教育思想已随整个学术思想的发展而达于周密高深的阶段，且与西洋古代的苏格拉底、柏拉图、亚里斯多德，近代的卢梭、杜威的思想相合。其所以有如是者，当然是在那种动的社会中，才总能产生这样周密高深的教育思想。

第五，国民军事教育思想在这时已经由理论的阐扬入于有计划的实践，这是中国古代教育史上最重要的一点。

第六，此期思想界虽然混乱不堪，但仍以儒家的人文主义为中心；秦、汉时这个中心思想更表现得很鲜明。

第四节　春秋战国学术思想发达的原因

世称春秋、战国为我国学术思想的黄金时代。为什么能为黄金时代呢？这就要探讨当时学术思想发达之原因。现今许多学者所论的原因各有不同，参见梁任公著的《评胡适中国哲学史大纲》、胡适之著的《中国哲学史大纲》、王凤喈著的《中国教育史》。我以为总不外下列六点。

（一）春秋、战国之际，适当农业生产进步到工业生产的过程；因为，这时社会生活需要的进步，使以前旧有的生活关系发生动摇。生活需要与生活关系的不合引起的内在矛盾的扩大，就演成社会的变动，这是任何社会变革最基本的原因。

（二）在生活需要与生活关系互相矛盾的过程中，或因旧的生活关系先已破坏，而新的尚未发达健全，生活技术进步自然受其影响，社会的生活力自然不足，灾荒饥饿，接踵而来。再加以生殖发达，演出人口过剩的现象，于是造成社会经济恐慌的不安乃是必然的。

（三）由社会的变革，造成社会的不安，长期战争和政治纷乱的情形实是难免的。反之战争愈久，政治纷乱愈烈，则愈使社会生活机构不能短期稳定，社会的不安益是加深。这样循环的因果关系，亦是任何社会变革时必然有的矛盾。

（四）周代仅是个部落的盟主，并没有经过长期的强有力的统一作用。国家的形成尚未达到健全阶段，既没有强力的政府以统驾，又无严刑峻法以约束人民，仅依恃礼教以维持社会的安宁。在这种状况之下，稍遇变动，旧的一切自然只有崩溃瓦解。

（五）因社会变动剧急，人民亦感受刺激，于是一般知识分子都高兴探求社会问题发生的原因，研究社会问题解决的方法。又以政治失去严密统治能为，言论非常自由，各人可以尽量发挥意见，努力创造新思想，所以这时有人文主义、实用主义、自然主义、实利主义等，真是五花八门了。

（六）当时境内的外民族不是被灭亡就是被同化；汉民族之向外发展，向内同化异族，亦是新学术思想活跃的原因。

以上六种原因，很可以说明春秋、战国学术思想为什么发达这个问题了。总之，无论政治纷乱也好，民族醇化也好，都应以民生进步的原因为其总干。只要明了民生的原因兼带了解几个政治民族上的原因，则其他的理由，都失去其存立的必要，这是懂得"民生史观"的人所不能否认的。

第六章

秦汉的教育思想

第一节　秦代的教育思想

秦代立国时间很短，学术思想没有新的发展，因而教育思想亦无足述。兹就秦代治国之精神有关教育思想的，作如下的研究。

第一、教育思想的统一。六国既被秦灭，秦遂统一天下而成一个大的帝国，政令归于一尊。但是这时秦的统一基础，尚未巩固，六国的遗老，以及秦国内的反动知识分子，大多反对秦政。为政权的安定统一计，势不能不求教育思想及教育管制权的统一，这是古今中外任何国家走到统一时必然采用的政策。当时反对秦政的就是一般好吃懒做的腐儒贱儒，他们放言高论，徒务奔竞。始皇眼见这些智识的游民分子，饱食终日，无所事事，对于社会国家毫无贡献，殊觉痛恨。而一般腐儒尚不知趣，大倡复古论调，以非议当时的政治，如淳于越于酒席上当众攻击秦始皇说："事不师古，而能长久者，非所闻也。"《史记·始皇本纪》。又如秦相李斯痛诋那时的反动腐儒道："人善其所私学，以非上之所建立""闻令下，则各以其学议之，入则心非，出则巷议，夸主以为名，异取以为高，率群下以造谤"。《史记·李斯传》。总之，腐儒的反动言论，是秦政推行的最大的阻力，所以李斯主张"别黑白而一定尊"，把思想统一起来，统一的方法即是：第一，焚烧非秦纪者的书籍，实行"吏师""博士"制度。他说："臣请史官非秦纪皆烧之。非博士所职，天下敢有藏《诗》《书》百家语者，悉诣守尉杂烧之。有敢偶语《诗》《书》者弃市。以古非今者族。吏见知不举者与同罪。令下三十日不烧，黥为城旦。所不去者，医、药、卜筮、种树之书。若有欲学法令，以吏为师。"《史记·始皇本纪》。其次，就是坑儒，但所坑者多方士术士，真正有学识的儒者，却被政府延聘为学术专官以备议政，兼整理当时杂乱的学术思想。

第二，法令教育之重视。秦统一六国后，实行中央集权制，关于法令是非常紧要的，所以始皇用主张法治最激烈的李斯为相。李斯针对当时社会的实况与秦的立国精神，于是定下以法令为施教之本。对于秦时的法令教育以及史官所传授的是否限于法令，近来学者的意见，尚未一致，可参见章学诚著的《文史通义·史释篇》，康有为著的《新学伪经考》。其余的专门学识，由博士官专门研究，所以他说："若有学法令，以吏为师。"又说："今天下已定，法令出一，百姓当家则力农工，士则学法令以辟禁。"《史记·始皇本纪》。就是说天下既定，农工应该各人在家努力耕种作工，读书的就可学习法令辟禁。这正表示法治精神在秦时政治上的趋势。其实在战国之末，正需要一个法治国家出现。秦之所以以法治国，确系时代环境使之然，非特始皇及李斯少数人之力耳。立国精神，既重法制，则法令教育当然是很重要的。

第二节　秦代教育思想的要点

综观秦代的教育思想，亦可以知道几个要点：

（一）教育之目的：在养成官吏能够尊君，拥护现存的政治，养成人民能够守法、奉公、生利、劳动。

（二）教材：仅准人民学习法令，兼习医、药、卜筮。

（三）教师：当时的官吏，即是教师。从此，我们可以知道秦对教育的统制是如何的严厉。"吏师"制度之作用，我想不外两点：第一，官吏不用说是经过严密考核过的，自然是秦政的中实执行者；用吏以教人，可以免除反动分子混杂其间，宣传非今之论。第二，以官吏任教师，可以暗中侦查人民的思想。

第三节　秦时的儒家思想

世之论者，以为儒家思想至秦遂中绝，多归罪于秦始皇焚书坑儒，现刻我要提出讨论的：一是焚书坑儒对儒家思想的关系，一是秦时的儒家思想究竟中绝，或者还被当时统治者所利用为一种治术？

据史籍《汉书·艺文志》《史记·始皇本纪》上去看，博士官所藏的经典并未有多大损失。今人对于此问题亦有很多辩证，如陈东原著的《中国古代教育》，冯友兰著的《中国哲学史》。所考，秦所焚的书，乃民间所藏的与学术思想无关紧要的反动书本，那史官及博士所藏的并未烧。如果认秦将天下之书焚尽，则何以尚存有：秦史、《诗》《书》、百家语、天下图籍、医药、卜筮、种树之书呢？医药、卜筮、种树的书多未烧，何得烧其他重要的经典。我想秦所焚之书，亦不过是如现时所查禁烧毁的反动书籍而已。至于坑儒，更无关紧要。秦统一局势完成后，六国遗留下的纵横家及一般陋儒腐儒，饱食终日，无所事事，不安分守己，造乱生非，冀得功名。所图不遂，就发狂妄之论以攻击当时政府，这些人真是成事不足，败事有余，杀亦何足惜？真有学识的大儒，始皇不但不加害，且反而敬之，延纳为博士官，《史记·李斯传》载始皇下逐客令，"非秦者去，为客者逐"，李斯谏其不可行，始皇乃解除逐客的命令。另外如《汉书·百官表》《史记·始皇本纪》《汉书·郊祀志》载，始皇所延纳的博士官实在不少。可见秦还在尊贤纳士咧？事实上秦所坑者多为一般藉仙术以敛财的术士，如《史记·儒林列传》所载亦只说"秦之季世坑术士"，试问这些望星气求仙药以敛财的术士不该杀吗？

　　秦以前所遗留的重要经典，并未焚烧，当时的博学鸿儒并未加害，这样对于学术思想有何损害？这样何至使儒家思想中绝？不过后来的知识分子为要保障本阶层的利益尊重士的身份起见，不得不藉口以攻击秦，来警惕一般君王。我认定秦自统一六国后，为要镇压刚刚平安的社会，不能不采用这称"狄克推多"的政策。要是不然，秦所造成的统一政权，短时间亦不能支持，尚何足以厉行法治，整饬内政呢？

　　因为，秦焚书坑儒，一般人都认定儒家思想至秦遂中断。但以我之推论，儒家思想至秦不但没有中断，反而与法家思想并存而成为当时政治上最重要的工具。关于这点，我的理由是：战国时候，社会混乱已极，许多思想家提倡的治世之术，五花八门，莫衷一是，各国君王在那种混乱的环境中，亦无所适从。自秦孝公用商君以后，卒行变法之令，不数年而国大治，渐渐富强起来，这就是法治精神的原因。秦始皇虽废封建，破除宗法观念，但是李斯、韩非之学仍出于儒家的学者——荀子。夏曾佑著《中国历史》说："李斯之学，出于荀子，始皇父子，雅信韩非，韩非之学，亦出于荀子。"又说："是斯固为儒家之大宗，始皇果绝儒生，何以用斯为丞相。……况始皇焚书坑儒在三十四年，下距秦亡凡五年，距至汉兴求遗书不过二十余年，经生老寿，岂无存者。孔甲可以抱其礼器而奔陈涉，司马迁可以观孔子之车服礼器，则古人文物彬彬俱在，断无六艺遂缺之事。"夏曾佑又在严译《社会通诠》一书的序中说："夫李斯学帝王之术于荀子，既知六艺之归，相其君以王于天下，其为术皆昔所闻之于荀子者也。……孔子书称'君子之道，造端乎夫妇'，盖君子以前，人伦之道有忠臣孝子而无贞女。表章贞女，事始于秦……自此以往，有贞妇，以为忠臣孝子之后盾，而五伦之制始确立而不可疑，此皆实施君子之道之证。自汉以来，用秦人所行之主术，即奉秦人所定之是非。秦之时一出宗法社会而入军国社会之时也，然而不出者，则以教之故。故曰：铃键厥惟孔子也。"从此看来，第一，证明李斯相秦之术皆出于荀子，而归宿于家儒之六艺。冯友兰论秦始皇、李斯统一思想之政策的理论是根据孔子的"民可使由之，不可使知之"与荀子的"民易"以道，"而不可与共故"的意义。他又认定秦始皇、李斯行统一思想之政策，亦以儒家为正统思想。《中国哲学史》。第二，证明秦政不但没有脱离宗法，因表章贞节而确立五伦之制，其根源于儒家的伦常观念，自不成问题，我们要知道儒家思想虽是当时旧社会的唯一最高理论，但是，礼义的本身根本没有具备何种力量，所以在春秋、战国时代，不怕孔、孟如何热心鼓吹，终不能道行于世。及至李斯始以儒家的思想——礼义为体，法家实践的方案——法为用，定为治秦之国策。即是说以儒家理想的最高点——仁政为治国之本体，准此最高标准，施用法治，以为达到目的的唯一桥梁。总之，秦虽废封建改郡县，焚书坑儒，但根本精神，仍未脱离儒家思想的圈套。因此，儒家思想在秦亦并未中绝，而且入于实践的时期。

第四节　汉代的教育思想

一、淮南王

淮南王名安、文帝之侄子，著有《淮南子》一书，他与扬雄同是汉时融会南北思想的人。他最重性的研究，因而，性遂成为教育思想的中心，王凤喈先生论他的教育思想说："他说性是清静恬愉的，是善的，打破性之清静的便是欲及知。教育之最好方法，即在于节欲。节欲之本在反性。反性之本在去载。去载即是去外界诱惑之物，能刺激人之嗜欲的。他以为把外界诱惑之物于静去掉，性便能复反于清静恬愉的态度，这便恰到好处，性便能与道契合。"道是清静幽冥，为宇宙本体。他在《齐俗》训说："率性而行之之谓道，得于天下之谓德。"便是说性的本体若不为物所蔽时，可与道合而为一。又说："淮南王以反性为修为之极，所以他以无为为至善。善是静而无为，不善是躁而多欲。去欲便可为善，但是，他亦认定去欲甚难，只要加以节制，使不至生邪气以害性就行了。"王著《中国教育史大纲》。

从这一段话看来，可见淮南王一面注重性之研究，由性之研究推论到反性的方法"清静去欲，无为为至善"。这种思想实界于儒道两家之间，所以称他为儒道两家之调和派。

二、董仲舒

董仲舒为汉时大儒，武帝建元元年，以贤良应举，《对策》共三篇。关于尊孔重儒，绝灭异学，建立学校改革制度，言之颇详。三策均载于《汉书》五十六卷仲舒传中。他的著作，《春秋繁露》为有名，所论他的教育思想都是出于三策及《春秋繁露》书中。归纳他的教育主张有四要点：

第一，主张仁、义、礼、乐为教育之工具。他说："仁、义、礼、乐皆其具也，故圣王已没，而子孙长久，安宁数百岁，此皆礼、乐教化之功也。王者未作乐之时，乃用先王之乐宜于世者，而以深入教化于民，教化之情不得，雅颂之乐不成。故王者功成作乐，乐其德也。乐者，所以变民风化民俗也。"《汉书·董仲舒传》。变民风化民俗，这是教育本身的功效，欲求其功效，必以仁、义、礼、乐为具。教育上的变民风化民俗，即是治世之根本要道，如果舍教化不行，注重于刑，不但不能治，而其害有如堤防之不能止，所以他又说："不以教化堤防之，不能止也。是故化教立而奸邪在止者，其堤防完也；教化废而奸邪并出，刑罚不能胜者，其堤防坏也。古之王者，明于此，是故南面而治天下，莫不以教化为大务。立太学，以教于国，设痒序以化于邑，渐民以仁，摩民以谊，节民以礼，故其刑法甚轻，而禁不犯者，教化行而习俗美也。"《汉书·董仲舒传》。

第二，主张绝灭异学，抑黜百家，以统一国民思想。这种主张实原出于董仲舒尊孔重儒的思想；骤视之，不免要责备董仲舒胸襟狭小，主张专横。但是，我们想一想，他既欲使儒学倡行，如何不防止其他思想的活跃呢？现今所谓的"非我主义其心必异"，亦相同于一理，可见思想上的差异是天然的深沟。董仲舒在《天人策》中说："今师异道，人异论，百家殊方，指意不同，是以上亡以持一统。法制数变，下不知所守。臣愚以为诸不在六艺之科，孔子之术者，皆绝其道，勿使并进，邪僻之说灭息，然后统纪可一，而法度可明，民知所从也。"

第三，立天人契合之说。他认为自然界天。是大宇宙；人是小宇宙；小宇宙包括于大宇宙之内，所以人事与自然界天。的变异有密切关系。人若做了恶事，则天示灾异，以为警戒。董仲舒之言天道，与儒家的思想仍相合，不过孔、孟所言的天，是礼义之天。《天人策》上说："《春秋》之所讥，灾害之所加也。《春秋》之所恶，怪异之所施也。书邦家之过，兼灾异之变，以此见人之所为，其美恶之极，乃与天地流通而往来相应。"人事既与自然界的天有密切关系，则人道必本之于天道，所以《天人策》上又说："圣人法天而立道……春者天之所生也，仁者君之所以爱也，夏者天之所以长也，德者君之所以养也，霜者天之所以杀也，刑者君之所以罚也。"

第四，他既相信天道可以主宰人事，所以在教育上主张承天之道，以施教。他说："天令之谓命，命非圣人不行。质朴之谓性，性非教化不成。人欲之谓情，情非制度不节，是故王者上谨于承天意，以顺命也，下务明教化民，以成性也。正法度之官，别上下之序，以防欲也。修此三者，而大本举矣。"《汉书·董仲舒传》。他认为性可以为善，而不是尽善，所以施行教化的工夫，则性便可以为善。他论性是怎样的呢？《实性篇》说："善如米，性如禾，禾虽出米，而禾未可谓米也。性虽出善，而性未可谓善也……善教诲之所以然也，非朴质之所能至也。"

综观董仲舒的学术思想，值得我们注意的有两点：仲舒《对策》深得武帝之赞同，于是便下令尊孔重儒，罢黜百家，国民思想归于一统。立学校之官，州郡举茂材孝廉皆自仲舒发之，这是他的学术思想影响于当时的重要点。其次，"仲舒遭汉承秦灭学之后，六经离析，下帷发愤，潜心大业，令后学者有所统一，为群儒首"。《汉书·董仲舒传赞》。这是他努力研究遗留于后世学者的伟大功绩。

三、扬雄

扬雄的主要思想，可以他的宇宙本体论与人性论去观察。他论宇宙本体为玄，即老、庄之所谓的道。玄即虚静之意。他论性之中有善恶二分子，亦如玄中有阴阳二种动力，可以使之为善，亦可使之为恶，要皆视人之修养如何而定。至于他的教育思想完全脱胎于儒家，因而，最重言行的修养。言行的修养，必自取法于良师，有了良师的指导，则自己的言行都可与之类比，趋于至善，所以他说："冥蛉之子，殪而逢蜾蠃，蜾蠃祝之曰，类我类我，久之则肖之矣。速哉七十子之肖仲尼也……或问人可铸与？曰，孔子尝铸颜回也。"杨著《学行篇》。扬雄的著作有《太玄》《法言》等书。《太玄》是讨论宇宙的原理，《法言》是讨论道德政法之法则。刘知几说："盖仲尼既没，微言不行，史公著书，是非多谬，由是百家诸子，诡说异辞，务为小辨，破彼大道，故扬雄《法言》生焉。"刘著《史通自叙》。这几句话很可以说明杨雄著《法言》之意思了。

四、王充

王充最著名的作品为《论衡》，该书可以代表他的整个思想。陶希圣先生批评《论衡》的全部思想，分为破立两方面：他说"破的方面，他把当时流行的谶纬灾异、符瑞及天人感应之说，阴阳五行、神仙术、图宅术、鬼祟的迷信，一切禁忌，禳解祈祷，卜筮、龙、雷、天、日的精话，以及伪书与书中的伪事，都大胆的一概攻倒。立的方面，他依于儒学而构成一个绵密的系统，即'自然'与'无为'的哲学。"陶著《中国政治思想史》第三册。他建立"万物自生""天道无为"的宇宙论，以击破儒家天人感应之说。他又以"人初禀于天气"定命性之吉凶善恶，成立他的命性论。兹为使读者明了计，分述于下：

宇宙论 他根据万物自生的道理说："天地合气，万物自生，犹夫妇合气，子自生矣。万物之生，含血之类，如饥知寒，见五谷可食，取而食之；见丝麻可衣，取而衣之……夫天之不故生五谷丝麻以衣食人，由其有灾变不欲以谴告人也。"王著《论衡·自然篇》。又说："儒者论曰'天地故生人'此人妄也。夫天地合气，人偶自生也。犹夫妇合气，子则自生也。夫妇合气，非当时欲得生子，情欲动而合，合而生子矣！且夫妇不故生子，以知天地不故生人也。然则人生于天地也，犹鱼之于渊，虮虱之于人也，因气而坐，种类相产。万物生天地之间，皆一实也。"《论衡·物势篇》。他又根据天道无为的道理说："夫人之施气也，非欲以生子，气施而子自生矣。天动不欲以生物，而物自生，此则自然也。施气不欲为物，而物自为，此则无为也。谓天自然无为者何，气也。恬澹无欲，无为无事者也。"《论衡·自然篇》。

命性论 王充对命性亦有新见解。怎样叫做命性呢？他以为命性之生，实由于初禀得的气，所以说："命谓初所禀得而生也。"《论衡·初禀篇》。命性既由初禀得的气所定，不会变动的，即是说命之吉凶祸福，性之善恶，都定于初禀天气的时候，既定之后，就不会变动。但是，命的吉凶祸福，性的善恶，是从何而出的呢？唯一原因，还是在禀气之不同，如他说："夫禀气渥则其体强，体强则其命长。气薄则其体弱，体弱马则命短。"《论衡·气寿篇》。这是命之所以有吉凶祸福的原因。又他说："禀气有厚泊，故性有善恶也。"《论衡·率性篇》。这是性之所以有善恶的原因。

总之，王充的自然宇宙论与定命论，对于天人感应之说是个破坏者，何以故？因为，承认天人能感应，必承认天意是有意是有意识的。王充不承认宇宙是有意识的，宇宙只有一种元气，由元气之动，则万物自然而生。万物初生时，命与性都禀于元气而决定，所以天道之间，不但不能起感应作用，而且命与性亦不能随便变更，这就是王充哲学的一贯理论。

准乎他的哲学理论，来探讨他的教育思想，是比较容易的。他的教育思想有下列几个要点：

第一，主张努力与新创作，不应迷蒙于旧的经学中。他说："著作者为大儒，说经者为世儒。"《论衡·书解篇》。他为什么要反对墨守旧经学而提倡新著作呢？（一）他认为师说相传以致五经失实。《正说篇》上说："儒者说五经多失其实。前儒不见本末，空生虚说。后儒信前师之言，随就迷故，滑习辞语。苟名一师之学，趋为师教授，及时早仕，汲汲竞进，不假留精用心，考实根核。故虚说传而不绝，实事没而不见，五经并失其实。"（二）认当时说经者之不传。《效力篇》上说："诸生能传百万言，不能览古今，守信师法，虽辞说多，终不为博。"

第二，主张实知之学。这是根据他认为师说相传多滑习辞语以及五经失实而来的。何谓实知之学呢？即是知识要源于观察，成于思考，决不能凭空虚构，所以他在《实知篇》上说："可知之事，思虑所能见也；不可知之事，不学不问不能知也。不学自知，不问自晓，古今行事，未之有也。可知之事，唯精思之，虽大无难；不可知之事，厉心学问，虽晓无易。"又《知实篇》上说："凡论事者，违实不引效验，则虽甘义繁说，众不见信。"可见王充治学，重能"留精用心，考实根核"《论衡·正说篇》。绝不是盲从偶像的。

第三，他赞成礼、乐是教育的工具。因为，他认识礼、乐可以调节人之性情。他说"情性者，人治之本，礼、乐所由生也。故原情性之极，礼为之防，乐为之节。性有卑谦辞退，故制礼以适其宜；情有好、恶、喜、怒、哀、乐，故作乐以通其敬"。《论衡·本性篇》。

王充是汉时富于进取创造精神的学者，他不迷信古人，而问难于孔、孟；他不迷信鬼神，阴阳五行，图谶等说，并从而攻击。他反对埋首于解经，主张创造新说。但王充虽问难于孔、孟，但他却尊重黄、老，《自然篇》上说："贤之纯者，黄老是也。"而他的宇宙论的"万物自生""天道无为"的两大原理，都出之于老学。王充为什么又受老学之影响呢？因为，当时老学盛行于南方，南北地域思想的激荡，影响于个人思想那是必然的。

五、经学与汉代的教育思想

这段要研究的问题是：经学在汉代的极盛情况？经学在汉代为什么能盛极一时？经学何以能代表汉代的教育思想？现分别论述于下：

经学始于何时？据皮锡瑞说："经学开辟时代，断定孔子删定六经为始，孔子以前不得有经……孔子出而有经之名。"皮著《经学历史》。可见经学实始于孔子删定六经，是无疑议的。秦时以政府忙于收拾时局，不暇提倡，经学只是平凡的发展，汉初仍是这样。至汉武帝信董仲舒之言，罢黜百家，表彰六经，凡非在六艺之科者绝勿进，于是儒教独尊之局遂定，教育的领域亦被经学独占。并定小学生专习小学，中学生专修《孝经》《论语》，大学生专修六经。《观堂集林》卷四《汉魏博士考》。武帝更立《诗》《书》《易》《礼》《春秋》《乐经》相传被秦烧失传。五经博士，后又分为十四博士，以搜集经典，考证真伪，笺译意义。又设立太学，由博士任教，其写本皆用当时通行的隶书，称为今文。光武中兴，承继前朝先人遗志，仍竭力提倡经学。《后汉书·儒林传》说："光武中兴，爱好儒术……立经博士，各以家法传授……建武五年，乃修起太学……明帝即位……复为功臣子弟四姓末术别立校舍，搜选高能以授其业，自期门羽林之士，悉令通《孝经》章句，匈奴亦遣子入学，自安帝览政，薄于艺文，博士停席不讲，朋徒相视怠散……顺帝感翟酺之言，乃更修黉宇，凡所构造，二百四十房，千八百五十室。……本初元年梁太后诏曰'大将军至六百石，悉遣子就学'……自是游学盛增，至二万余生。"建初四年章帝大会诸儒于白虎观，详考《五经》同异，连月乃能，帝亲临称制，并命诸儒将所有奏议著成《通义》，以垂后世。我们从上举的事实，可见汉代东汉。经学盛行的一般。

其次论经学为什么在汉代能盛极一时呢？要明白这个问题，不能不追溯经学创始者的阶层性。经学始于孔子，在上文已经说过，孔子代表的是上层社会，试看他老先生的言行，无一不是竭力拥护当时的现存社会制度，如删《诗》《书》，定《礼》《乐》，作《周易》，著《春秋》，都是为拥护封建制度，保守统治者的政权，所以说儒家的思想系统，根本是封建社会意识的结晶。因此，在封建社会中的历代帝王，都利用他以统治天下。梁任公先生对这个理由说得很明白。他说："唯孔子则严等差，贵秩序；而措而施之者，归结于君权。……其所以干七十二君，授三千弟子者，大率上天下泽之大义，抉杨柳阴之庸言，于帝王驭民，最为适合，故霸者窃取之而利用之以宰制天下。汉高在马上，取儒冠以资溲溺；及既定大业则适鲁以太牢祀矣。盖前者则孔学可以为之阻力，后此则孔学可以为之奥援也。"《饮冰室全集·论中国学术思想变迁之大势》。其实儒家思想已成为中国有史以来统治阶层意识形态的铜城铁壁，加以汉代经学之极盛，又有其特殊的原因。这特殊的原因是什么呢？我们知道秦的焚书坑儒，惹起当时的儒生强硬反对，在陈、吴起兵反秦。自称楚王，以及汉高祖即位后，我们可看出一般儒生如孔甲、叔孙通、申公、伏生等，都兴高采烈，有的降楚，有的投汉，并竭力包围汉时的帝王，以儒家的经学相说进。《汉书·儒林传》。同时一般帝王为要归顺民心，不得不抬出古先圣王之道以表示尊贤法古，如"汉高在马上，取儒冠以资溲溺""光武中兴，未及下车，先访儒雅，四方学士，云会京师"。《汉书》。当时的儒家学者如董仲舒辈，更竭力主张尊孔重儒，对于秦之焚书坑儒，痛加诋斥，如他说："至秦则不然。师申、商之法，行韩非之说，憎帝王之道，以贪狼为俗，非有文德以教训于天下也。"《汉书·董仲舒传》。仲舒不但痛斥秦政而大胆的高谈阔论以威赫当时的帝王。他说："圣王之济乱世也，扫除其迹而悉去之，复修教化而崇起之。教化既明，习俗已成，子孙循之，行五六百岁，尚未败也……秦继其后，独不能改，又益甚之。……故立为天子，十四岁而国破亡矣。自古以来，未尝有以乱济乱，大败天下之民如秦者也。……今汉继秦之后，如朽木粪墙矣，虽欲善治之，亡可奈何！"《汉书·董仲舒传》。的确，汉时的帝王见于秦亡之速，不无戒心，为要维持其政权之存在，当然只有投降于儒家思想的阵营中。

复次，要研究的是经学为什么能代表汉时的教育思想？我们知道经学在汉时由政府之提倡，学者之鼓吹，已成为当时社会思想的唯一支配者。同时儒家思想到汉时，已宗教化；宗教为支配阶层的武器，教育即是使用这种武器的方法。宗教有经典，在宗教支配下的教育，经典便成为主要的科目。中世纪西洋教育基督教化，要大家读《圣经》，正如汉时帝王表六经，规定六经为教育的主要科，意义完全相同，在经学盛行的当中，又有今古文之区别，但无论今文家、古文家，其对教育主张则一。他们都认为经学很广博，修、齐、治、平之学，均载之于经书，学者只要明经，即可成为通儒，其他的道理都可"以一贯之"去求解决之方，所以大中小各级学校，都以经书为主要课程，这种思想统制的结果，学问究竟是进步？或者是退步？我想凡研究历史的人，总有种共感吧？

事实告诉我们，汉代的学者除少数人如淮南王、扬雄、王充等。不全受经学的支配外，那一个人能跳出经学的圈套呢？所以我认为经学能代表汉时的教育思想，并且影响于后世思想亦很重大。

六、养士制与汉代的教育思想

养士教育起源很早，在此本无讨论的必要，但是，汉代的养士教育有两种意义：一是由私家教育制即是个人招收学生的风尚。渐渐转变成国家正式教育的一个关键。一是政府以利禄为诱士之饵，士以求学为入官为梯，失去教育的本质，这种不良的现象在汉时是很盛行的。

汉时吏制之腐败实已达于极点，虽行察举孝廉之制，以救济，但行之不久，困难重重，于是政府乃有兴学校造就人才的需要。于此我们可以看出政府之兴学校、办教育，实是造就治术人才以图整饬当时腐败的吏风。董仲舒的《对策》，一面痛言吏制之坏，一面主张兴学校以造就人才，如他说："臣闻圣王之治天下也，少则习之学，长则材诸位。夫不素养士而欲求贤，譬犹不琢玉而求文采也。故养士之大者，莫大乎太学；太学者，贤士之所关也，教化之本原也。今以一郡一国之众，对亡应书者，是王道往往而绝也。臣愿陛下兴太学，置明师，以养天下之士，数考问以尽其材，则英俊宜可得也。"

这段话很可以代表汉时国家主办学校的理论。见之实行，还在武帝元朔五年公孙宏为丞相的时候。孙宏悼道郁滞，乃于太守孔臧等议立"博士弟子员制度"，他们唯一理由是"古者政教未洽，不备其礼，请因旧官而兴焉"，《汉书·儒林传》。武帝纳其言，遂立博士弟子员制。这就是国家正式主办教育的开始。

养士之在战国已是盛极一时。当时诸侯竞相养士以自用，而士亦以此为入官之梯。这种风气一直行于秦，始被政府的消极对付，其势消减。如何叫做消极对付呢？秦始皇本来主张"非秦者去，为客者逐"。后经李斯劝阻，乃除逐客令，但对于养士不提倡，亦不反对，所以称为消极对付。至汉即有招贤之举，其实招贤就是变相的养士。养士的作用，自然是政府的治术人才之需要，另方面却是为士谋出路。因此，读书的人便利用以作取得士大夫身份的一种工具，藉此为入官之梯。而政府亦专意收买知识分子，以利禄相诱惑。如此，士风日下，教育的本质作用已完全失去。班固说："自武帝立五经博士，开弟子员，设科射策，劝以官禄，讫于元始，百有余年，传业者浸盛，支叶蕃滋，一经说至百余万言，盖利禄之路然也。"《汉书·班固传》。这段话说明养士教育的流弊非常透彻。

总之，博士弟子员制度，一方面说明了国家正式兴办教育的思想在汉已经开始，一方面又说明养士教育施行的结果，反成一种流弊，失去教育的本质。

七、道教与汉代教育思想

道教思想本来无宗教色彩，至汉后始成宗教化。这是什么原因呢？因为，古代的阴阳家专言术数鬼神，而老子的思想亦有与鬼神相近的地方。在汉时阴阳家迷信神仙之说大盛，同时帝王亦迷信神仙，于是一般道教徒不惜屈解老子的经典，捧老子为太上老君。另一方面，汉武帝罢黜百家，独好神仙，道家之言不能不寄生于神仙方士等辈以自存。这样一来，道家思想便完全为阴阳家所利用，道学的真意义已经失去。

道教在汉既宗教化，于是符箓说、神仙说、超度说，杂入其中，深入民间，颇适合一般下层民众的需要，故流行甚广，影响于教育思想至巨。如当时的学者淮南王、扬雄、王充等统受道教之影响，所以他们的思想都陷于儒、道两教之间。

八、佛教输入与汉代教育思想

中国人在西汉时已知道佛教，*或有谓在秦时已经知道有佛教，后经考辨，证明不确*。但佛教究竟于何时传入中国的呢？旧史书多载于汉明帝感梦金人，遣使西域，取得佛教经典，为佛教输入中国之始。但据梁任公先生的辨伪，又证明不确。*梁任公近著：第一辑《汉明求法说辨伪》*。并肯定佛教传入中国，当在东汉桓、灵两帝之间。如《后汉书·西域传》论云："至于佛道神仙，兴至身毒；而二汉方志，莫有称焉。……骞、超无闻者，岂其道闭往运。数开叔叶乎？"

佛教的哲理与老庄之学相近，当时的人对于佛道哲理的界限还弄不十分清楚，如襄楷上书桓帝说："又闻宫中立黄、老浮屠之祠。此道清虚，贵尚无为，好生恶杀，省欲去奢。"*《汉书》*。是直认道、佛为一家。佛教之主要人生观，为三世应报诸说，这种思想正合一般下层民众的心理，所以能深入民间，推行甚广。何况输入的时候，正值汉末政治腐败，人心趋于厌世，相率遁入虚无之境。因是，佛教在汉末魏晋很为盛行，学术思想受其影响至巨，几夺儒教在学术思想上的领导权，可见其势力之大，所幸当他输入时思想界已被儒家独占，如果输入在秦时，则汉代的学术思想支配权，或亦不能让儒家所独占。

第五节　汉代教育思想的要点

纵观上述，可将汉代教育思想的要点归纳于下：

第一，汉代的教育思想，以经学为主干教育之目的在养成"尊君""明经"的人才。

第二，汉代的教育思想，以故步自封，故富于保守性，缺乏进取精神。因之，当时的学术思想毫无新的发展。一般学者仅墨守古籍，凭恃经书上的有限知识，为治世之术，利用招贤养士之制度，以为入官之梯。这种腐败的现象，实是中国后世学术思想守旧的先驱。但在另一方面，又不能不说是经学的大兴。

第三，汉代教育思想统一，学术定于一尊，并使儒家的思想宗教化，这是证明儒家思想是封建社会中的产物，故为历代帝王利用以统治天下。

第四，汉兴博士弟子员的制度，实开中国国家正式办学校之端，证明当时的政府不但对于教育思想施行统制，对于教育的实施，亦采用统制管理。

第六节　秦汉教育思想的历史价值

秦、汉大统一后，奠定了中国后世的经济基础、政治基础。社会意识形态的基础在教育思想上亦重新固定下后世发展的途径，因是，秦、汉的教育思想对于后来的影响很大。现在我用归纳法来概括说明其历史价值：

春秋、战国是中国思想史上的开放时代，百家齐鸣，各项思想都能自由奔放，毫无束缚。及至秦因政治的狄克推多化，思想亦趋于统一，不过这时思想上的一尊，还未具体形成，仅仅有种剧烈的趋向而已。汉代以来，思想的统一运动更有长足进展，至武帝独尊儒术，罢黜百家以后，可说是达于成熟时期。这个统一的思想当然是儒家为中心，自秦至汉都是这种形态发展的。在思想的统一意义下，我们可以看出秦、汉教育几点重要的历史事实：（一）尊儒重古，其他异派思想均被排除。（二）从新鉴定经典，设博士官专司其责，其他异派书籍一概禁止或者焚毁。（三）反对思想统一的人，一概重惩，决不宽恕。（四）重用不反对与信仰儒家思想的人为宰相。如秦的丞相李斯，汉的丞相公孙宏等。（五）采用国家统制教育政策，如划一教育制度，厘订学校系统，统一教材等。（六）政治虽有时发生破裂的现象，但教育思想的统一需要并不因政治之分崩而中断，即如东汉末年政治分崩，各方割据，而教育思想的一尊，仍为当时的学者所共同要求。

第七章

魏晋南北朝的教育思想

第一节　魏晋南北朝社会生活的变动

魏、晋、南北朝的社会变动，我们不能认为是个单纯的政治问题，因为，失了强有力的政治，对内不能统率，外交常至失败，王凤喈如此说见《中国教育史大纲》。这是属于现象方面的，不能说明社会变动的原因以及关于思想上的影响。很显明的，当时社会变动的原因还是社会生活变化问题；问题的核心就是土地的集中化与商业资本的独占化。

汉末土地兼并，形成大地主的出现，当时的形势已十分严重，如仲长统著《昌言》说："豪人之室，连栋数百，膏田逾限。奴婢千群，徒附万计。船车贾贩，周于四方。废居积贮，满于都城。琦赂宝货，巨室不能容。马牛羊豕，山谷不能受。"《后汉》卷七十九。又如南阳的樊重"田至三百顷，资至巨万。其与工造作，为无穷之规。欲治器物，则先种梓漆，卒得其用"。袁宏著《后汉纪》卷七。魏时中原一带的庄围屯田的生产力方式，都是土地集中后才有的。并且在魏时已注意到农业生产技术的改良，这当然更不是小农生产时代所能办到的。

其次，是商业资本的独占化。商业资本的独占化在东汉王莽改制以后，已经形成，如桓谭说："今富商大贾多放钱货，中家之弟为之保役，趋走于臣仆等勤，收税与封君比入。"《后汉》卷七十八。这几句话很透彻的把当时商业发达，商人收入丰富，操纵金融的情况暴露出来。在晋时国内统一，商业更为发达，一时巨富者甚多，于是商人更藉混乱之局，以操纵整个社会经济。农人受商人的操纵，于是商人愈加富豪，如傅玄说："下赋一物，非民所生，而请于商贾，则民财暴贱，而非常暴贵，非常暴贵，则本竭而末盈，末盈本竭而国富民安，未之有矣。"《傅子》即是傅玄所著的书名。

在土地集中化与商业资本独占化的社会生活演进之下，社会便发生变动。汉末以及魏、晋之际，一方面士族兴起，操纵统治权，一方面农村破产，农民失业，造成广大的农民暴动，长期的与士族战争。由此，政治遂失其重心，内既不能统率，外又失败于异族。要这样才是正确的说明社会生活变动的原因以及社会上发生扰乱的由来。

第二节　魏晋南北朝社会思想的转变

一、社会思想转变的原因

我们既明了魏、晋、南北朝社会生活变化的动向，对于当时社会思想转变的原因与路线，自然容易理解。汉末及本期的农民暴动战争，其唯一意义在反对儒家思想支持下的统治权。经过长期的战争，在汉末已使儒家的政权不能维持，至魏、晋、南北朝更是到日暮穷途的境地。社会生活的机构既发生变化，其上层建筑的意识形态当然要随之变化。因是，在儒家的政权动摇后，以老、庄哲学与佛教哲学相混合的厌世、无为、放纵的思想，便抬起头来。

王凤喈先生曾举出魏、晋、南北朝思想转变的六大理由见原书第七章。没有一点说到当时社会思想变动的根本原因。第一，民族的外侵不但能促成社会思想的消极发展，而且可以促进其积极的发展。当时人民受痛苦的刺激而生的消极人生观,唯一原因,何尝是外族的侵略?那时中原一带大地主和富商大贾、豪族军阀重重压迫,层层剥削,使农民暴动而起的长期扰乱,才真是人民的痛苦的原因,才真是由痛苦的刺激而产生的消极人生观的原因咧。第二,外戚宦官专权,方正之士被杀戮,这些都是因为那时的统治权失去作用,酿成政治的混乱。至于道德信用,更是由于农民的暴动战争所击破,以致不能维持人心风尚。其实政治混乱,仍是由于农民暴动战争所引起的。如谓不然,无战争时代,为什么没有政治没有政治混乱的现象呢?第三,本期中如果社会生活结构不发生变动,农民暴动战争的事没有,即使经学反动,佛教输入,南方思想潜势力如何雄大,恐怕都难影响于思想的变迁吧?何况经学反动,**经学果真反动吗?**南方思想潜势力之暗长,以及佛教输入,**何曾始于魏、晋?在汉不能影响于思想之变迁,在魏、晋、南北朝时,就产生影响作用,这真令人难于置信。**

由以上的批评,所以我认定王氏所举的六大原因,除第一原因民族的外侵稍有价值外,其余的均缺乏意义。

二、社会思想转变的路线

本期社会思想既然因社会变动而冲破了儒家思想的独霸局势,则其转变路线必然因人心趋于消极厌世以及佛教之外诱而走上道、佛的虚玄思想的途程。陶希圣先生说:"一条是阴阳五行学的发达,转向农民宗教。一条是反阴阳五行学的自然主义的发达,引起老、庄哲学的再兴,由老庄哲学转变为佛教的哲学。两条线索都是从儒学的正中心发展出来的。儒学依于这两条线索而转变为自身的反动物。"*陶著《中国政治思想史》第三册。*

第三节　清谈与魏晋南北朝的教育思想

我们明白魏、晋、南北朝社会变动的情况与原因，又研究了社会思想变迁的原因与路线，自然知道清谈思想在本期是必然盛行一时的。魏、晋清谈以《周易》、老、庄思想为本，因而士大夫分子，多崇尚易理，推究老、庄，致清谈之风大盛。清谈之风究竟始于何时？《王衍传》说："清谈起于魏正始中，何晏、王弼……祖述老、庄以为天地万物皆以无为为本也者，开物成务，无往不成者也。"《晋书》。清谈既盛，进一步更打破礼教，恣意而行，如怀、愍《帝纪论》说："学者以老、庄为宗而黜六经，读者以虚荡为辩而贱名检，行身者以放荡为适，而狭节信，进仕者以苟得为贵而鄙居正，当官者以望空为高而笑勤恪。……其依仗虚旷依阿无心者，皆名重海内。"《晋书》卷五。这几句话，把清谈家的人格习性描写得非常透彻。于此可见，清谈的士大夫，终日只藉谈辩为口舌之助，反对纪律生活，而主张放荡不羁。鄙视勤劳，不求努力，冀苟得禄位，能够依仗漫游旷野以自明高者为尊贵。这是清谈家主要的人生观与生活习性。

这时清谈之风虽盛，老、庄的思想虽然支配大多人心。但是，这种风尚对于当时的教育并没有多大关系，即是说并不能使教育思想趋于老、庄的虚玄化。然则，当时的教育思想究竟以何为归宿，我认为仍是儒家的思想为其正宗。他的理由，留在下文——魏、晋、南北朝教育思想的领导问题——中来说明。

第四节　反清谈佛理的民族教育思想

清谈家主要代表人为竹林七贤等。的教育思想本不足论，现时我要特别提出的是魏、晋、南北朝的几个反对清谈佛理而又能本于民族立场的教育家的思想。这一派人当中以颜之推、傅玄、田畴为其代表。兹分述三人的教育思想如下：

一、颜之推

颜之推的教育思想，在本期中真是凤毛麟角。主要的是下列几点：

第一，主张礼德教育。当时的礼节德操因社会的剧变，可说沦亡殆尽。颜氏目疾时艰，本民族的立场，独持正论，不与世俗同流合污，其精神伟大实可令人景仰。他说："南人冬至岁首，不诣丧家，若不修书，则过节束带以申慰。北人至岁之日重行吊礼，礼无明文则无不取。南人宾至不迎，相见捧手而不揖，送客下席而已。北人迎送并至门，相见则揖古之道也。吾善其迎揖。"*颜著《颜氏家训》*。他不赞同南人轻视丧礼，迎送宾客不恭。反之，他对于北人重丧礼，迎送宾客很诚恳恭敬，特为称善，足见其注重礼了。其次，他很注重德守。你看当时民风如何的无廉耻，无节义，放荡萎靡呵？颜氏在《教子篇》中说："齐朝有一士大夫尝谓吾曰：'我有一儿，年已十七，颇晓书疏，教其鲜卑语及弹琵琶，稍欲通解，以此伏事公卿，无不宠爱，亦要事也。'"*颜著《颜氏家训》*。所以他主张重德操，"君子当守道崇德，蓄价待时。爵禄不登，信由天命"。*颜著《颜氏家训》*。这几句话的中心思想是在守道崇德，蓄价待时。

第二，主张重师道效法先贤古圣。他认为师的感化在教育上是很重要的，这与孔、孟的教育思想完全相合。他说："古人云：'千载一圣，犹旦暮也。五百年一贤，犹比膊也。'言圣贤之难得，疏阔如此。偿遭不世明达君子，安可不攀附景仰之乎？……人在少年，神情未定，所与款狎重渍陶染，言笑举动，无心于学，潜移暗化，自然似之。何况操履艺能较明易习者也。是以与善人居，如入芝兰之室，久而自芳也。与恶人居，如入鲍鱼之肆，久而自臭也。"《颜氏家训·慕贤篇》。这段意思：第一，是说明古先圣贤之难得，其次，在说明景慕圣贤之重要，中心意义还在"潜移暗化，自然似之"两句。

第三，注重劳动教育。当时的士大夫不用说是轻视劳动的，颜之推却能身体力行，注重劳动，他并把那些不劳而获的士大夫之恶习，描写得痛快淋漓，无以复加，他说："士大夫耻涉农商，羞务工技，射既不能穿扎，笔则才记姓名；饱食醉酒，忽忽无事，以此消日，以此终年。"《颜氏家训·勉学篇》。又说："无不熏衣剃面，傅粉施朱，驾长檐车，跟高齿履，坐碁子方褥，凭班系隐囊，列器现于左右，从容出入，望若神仙。"《颜氏家训·勉学篇》。因为，他们只知享乐而不劳作，所以毫无处事应世的技能。他又说："吾见世中文学之士，品藻古今，若指诸掌；及有试用，多无所堪。居承平之世，不知有丧乱之祸；处庙堂之下，不知有战阵之急；保禄位之资，不知有耕稼之苦；肆吏民之上，而不知劳役之勤，故难可以应世经务也。"《颜氏家训·勉学篇》。因为，他们游手好闲，不事劳作，所以毫无常识，如他说："江南朝士，未有力田，悉资捧禄而食耳。假令有者，皆信童仆为之，未尝目观。起一拔土，耘一株苗，不知几月当下，几月当收，安识世间余务乎？故治国则不了，营家则不辨，皆优闲之过也。"《颜氏家训·勉学篇》。颜氏这种劳动教育的主张，是纠正当时优闲分子通病的唯一方针。轻视劳动一味游手好闲，是我国数千年传统教育的积习。今日一般青年仍有这种恶习，是我民族性上的一个缺点，从事教育的人，应负纠正的责任。

二、傅玄

傅玄是老、庄哲学的反对论者，他对于清谈思想攻击至力。晋武帝初即位时，他上疏说："臣闻先王之临天下也，明其大教，长其义节。道化隆于上，清议行于下，上下相奉，人怀义心。亡秦荡灭先王之制，以法术相御，而义心亡矣。近者魏武好法术而天下贵刑名。魏文慕通达而天下贱守节。其后纲维不摄，而虚无放诞之论，盈尽于朝野，使天下无复清议，而亡秦之病复发于今。"《晋书》。傅玄所称的义心，与孟子所主张的仁义相同。他的中心思想为正心，由个人心之正，推而广之以正天下，与孔子所说的恕以及《大学》

所谓的"絜矩之道"同一意义。关于正心，他曾作一番解释说："立德之本，莫尚乎正心。心正而后身正，身正而后左右正，左右正而后朝廷正，朝廷正而后国家正，国家正而后天下正。"《傅子》。

其次，他认定尊儒、尚学、贵农、贱商为事之要务。关于尊儒、尚学，他详加解释："夫儒学者，王教之首也，尊其道，贵其业，重其选，尤恐化之不崇，忽而不以为急，臣惧日有漫进而不觉也。仲尼有言，人能弘道，非道弘人。然则尊其道者，非惟尊其书而已，尊其人之谓也。贵其业不忌教，非其人也。重其选者不妄用，非其人也。若此而学校之纲举矣。"《傅子》。傅玄论教育的文字虽不多，但从此数语中，亦可窥见他的全部教育思想了。

三、介绍一个实干苦干的社会教育家——田畴

田畴是魏时的一个实干苦干的社会教育家。当董卓乱天下，纲纪破坏，帝室不立的时候，他不问世故，避居山林中，埋头于社会教育之开拓，实令我们敬佩万分。黄炎培先生评他说："在这样纷乱的时候，不问世故，画疆而治，用私人的力量，干他的自治事业，把整个地方的对象，而开今所谓教育社会化的先声，直使道不拾遗，远夷治贡。田先生除掉诸葛武侯以外，就要对你一行敬礼了。"黄著《中国教育史要》。他幼时好读书，善击剑，所以后来能够成为一个文武合一的学者。

田畴的事迹究竟如何？在《魏书》他的传中说得明白："田畴，无中终今河北蓟县。人也。率举宗族及附族数百人，扫地而盟曰：'君仇不报，吾不可以立于世。'献帝被董卓所掳，故有君仇之报。遂入徐无山中，营深险平敞地而居，躬耕以养父母，百姓归之，数年间至五千余家。畴谓其父老曰：'诸君不以畴不肖，远来相就，众成都邑，而莫相统一，恐非久安之道，愿择其贤长者以为之主。'皆曰善，同金推畴。畴曰：'今来在此，非苟安而已，将图大事，复怨雪耻，窃恐未得其志，而轻薄之徒，自相侵侮，愉快一时，无深计远虑，畴有愚计，愿与诸君共施之，可乎？'皆为可。畴乃为约束相

杀伤犯盗争讼之法。法重者至死，其次抵罪，二十余条。又制为婚姻嫁娶之礼，兴举学校，讲授之业，班行其众，众皆便之。至道不拾遗，北边翕然，服其威信。乌丸、鲜卑并各遣译使致贡。畴悉令抚纳，令不为寇。"我们读了这段文以后，对于他埋头苦干，忍辱负重的精神，*他被公孙瓒拘捕，释放后，始入徐无山中，所以他认为是大辱。*能不肃然起敬吗？

第五节　魏晋南北朝教育思想的领导问题

本期的社会思想既如第三节中所说，清谈之风一般的支配大多人心，但是，教育思想的归宿，仍是以儒家思想为其正宗。这是什么原因呢？第一，老、庄以及佛家的思想虽然大盛，但其理论均不及儒家的精深，只能代表中层社会的意识，即是说还不能形成当时文化的最高阶段，所以有被儒家思想统治而到同化的可能。第二，社会思想虽然趋于老、庄、佛理，但在教育思想的领域里，亦不能损儒家的一毛，所以魏、晋、南北朝的帝王登位后，不言教育则已，若言教育，必以儒学为正宗。这就是儒家思想较老、庄、佛家的思想高深而能达到社会文化的最高阶段的原因。这种史实很多，简单的举一二于下：《晋书》载"太祖初定中原，虽日不暇给，始建都邑，便以经术为先，立太学置五经博士生员千余人。而今州郡各举才学，于是人多砥尚儒林。高祖钦明稽古，笃好坟典，坐与据鞍不忘讲道，刘芳、李彪诸人以经书进"。其余主张以儒学为兴学之标准的帝王，在本期中亦不少。第三，儒学中的礼制及律学，在本期中已订成国家的法典。有这三点重要理由，所以我认为魏、晋、南北朝的教育思想仍是儒学所领导。兹引蔡子民先生之言，以作本文之结论。蔡先生说："以后由印度输入佛教，民间的多神信仰，又仿佛而偏为道教，然亦不能夺儒家之席，而渐渐被其同化。"

第六节　魏晋南北朝教育思想的要点

我们从以上的分析，可知本期教育思想的要点：第一，当时以老、庄、佛理为主的清谈之风虽盛极一时，但仍不能夺儒家之席，反渐被其同化，所以本期教育思想仍以儒家为中心。第二，社会教育已为人所注意，田畴是当时实行社会教育的先锋，并且得良好的成绩。证明人之做事，只要能埋头苦干，即有万分的艰苦，仍能开辟成光明的坦途。第三，劳动教育经颜之推竭力提倡后，一洗以前儒家忽视劳动的积习，并开后来教育家注视劳动教育之端。第四，本期中因外受异族之压迫，内遭暴民战争之影响，社会极不安宁，在长期的混乱中，直接影响于教育思想之新颖化。

第八章

隋唐的教育思想

第一节　隋唐的社会经济与教育思想

第一，均田制的破坏。均田制至隋即已破坏，到唐高宗时曾一度再建，但不久又归失败。"豪党兼并，户口益多隐漏，户口租调，十亡六七。"《隋唐》。这就是均田制破坏时的现象。

第二，商业的繁盛。当时商业的繁荣，我们可从政府设官收税的市看出。据《隋书·食货志》载：淮北有大市百余，小市十余所，淮南以扬州为巨大的国内外贸易商场，其在南部，以广州为贸易大商场。扬州及广州为什么原因能成为贸易的大商场呢？就是水道交通便利所致。隋炀帝看见此种情形，乃用人工开辟运河，北达齐、鲁，即今河北、山东。南至吴、越，即今江、浙两省。实为南北交通之要道，对于商业之繁荣当然有重大关系。至唐开元、天宝年间，商业大盛，尤其是在河流海路交通便利的地方，商业更有可观，《唐语林》载"凡东南都邑，无不通水，故天下货利，船楫居多。舟船之盛，尽于江西，编蒲为帆，大者八十余幅"。

第三，庄园水碾。庄园与水碾在唐代大盛，做官的人多以增拓庄园为急务。至于水碾多为官僚势力所把持，规模宏大，有日破麦三百斛者。《旧唐书·高力士传》载：高截澧水作碾，并转五轮，日破麦三百斛。这种大规模的水碾，因为需水力至大，所以遮断水利，妨害农田至重，有时皇帝虽欲干涉，但因为是官僚势力，亦莫之何。

以上是属于隋、唐社会经济发展的情况，这种社会经济的发展，可以促成政治的统一；由政治的统一，文化教育自然亦有进步。我们很明显的看到隋、唐统一后，南北思想有融合为一之趋势，同时儒家思想又大兴，与佛学对峙，形成当时思想界的两大洪流。这种社会思想的发展，其结果为宋理学之先驱。宋时教育思想之发达，其来由必然如此。

第二节　儒学派教育思想

一、王通

王通为隋代大儒，后人称为文中子。他以承述儒家思想为己任，故其根本思想有近于《中庸》之道。他对于教育的主张，多载于《中说》一书中。兹分论于下：

（一）教育的原则

（甲）主张德礼教育　王通既以承述儒家思想为己任，所以他主张德礼教育至力。他说："古之为政者先德而后刑，故其人悦以恕今之为政者，任邢而弃德，故其人怨以诈。"王著《中说》。又说："冠礼废，天下无成人矣；婚礼废，天下无家道矣；丧礼废，天下遗其亲矣；祭礼废，天下忘其祖矣。"王著《中说》。他既主张德礼教育，但是，如果道不行于世，又如之何呢？据他的意见，以为乱世道不能济天下，只要能修身齐家亦可。他的门人贾琼、薛收因道不行请教于他。他说："父母安之，兄弟爱之，朋友信之，施于有政，道亦行矣。奚谓不行？"王著《中说》。又说："姚义之辩，李靖之智，贾琼、魏征之正，薛收之仁，程元、王孝逸之文，加之以笃固，申之以礼乐，可以成人矣。"王著《中说》。

（乙）主张仁义为教育之本　做人的道曰仁义，是谓教之本。

他说："仁义其教之本乎？先生以是继道德而兴礼乐者也。"《中说·礼乐篇》。

（二）教育的方法

（甲）正其心 他的门人房玄龄……问化人之道。他说："正其心。"《中说·事君篇》。

（乙）度德而师 即是度己之不如而师之。他说："度德而师之，易子而教。"《中说·立命篇》。

（丙）凡师教人量其志行 他说："度其言，察其志，考其行，辩其德。志定则发之以《春秋》，于是乎断而能变。德全则道导以《乐》，于是乎和而知节，可从事则达之以《书》，于是乎可以立制。知命则申之以《易》，于是乎可与尽性，若骤而语《春秋》，则荡志轻义，骤而语《易》则玩神。是以神人知其必然，故立之以宗。"《中说·立命篇》。宗即是六经之统称。

（丁）为学必求其通 通则达，不通则滞，实为求学之要道。他说："凝滞者，智之蛰也。"《中说·魏相篇》。

（三）教材

王通主张《春秋》《礼》《乐》《诗》《书》《易》为教材。他说："故不学《春秋》无以主断，不学《乐》无以知和，不学《书》无以议制，不学《易》无以通理。四者非具体不能及，故圣人后之，岂养蒙之具耶？"《中说·立命篇》。

以上便是王通的教育原则论、方法论、教材论，亦是他教育思想的全部理论。他并同意"富而教之"的主张，如他说："仁生于歉，义生于丰，故富而教之斯易也。"《中说·立命篇》。主张劳动教育，当他隐居汾河，一面躬耕，一面读书。有人问他感觉劳苦吗？他说："一夫不耕，或受其饥。且庶人之职也，忘职者罪，无所逃于天地之间，吾得逃乎？"《中说》。

二、孔颖达、颜师古

东晋以后，经学遂分成南北两派，北派注重于文字章句之训诂，南派重于学理之研究。隋代统一后，昔日经学之分裂亦趋于融合。至唐太宗更命孔颖达、颜师古校订五经异同，统一南北思想，作《五经正义》。唐时学校里的课程，官吏的考试，莫不以此为本。他二人的教育思想皆不出经学之范围。即是明经为一切道理自明的意思。

三、韩愈

韩愈是王通以后儒学中唯一力争道统的学者，《韩昌黎全集·原道篇》。他确是个纯粹的儒学道统论者。儒家思想中兴，他是最有功绩的人。

（一）**论道** 他所谓的道必须是孔、孟的道，求学问亦所以为道。他不但注重道，尤重道的系统，如他答尉迟生书说："夫所谓文者，必有诸其中。"《文集》卷十五《答尉书》。送陈秀彤序说："读书以为学，缵言以为文，非以夸多而斗靡者；盖学所以为道，文所以为理耳。"《文集》卷二十《答陈序》。又说："愈之所志于古者，不惟其辞之好，好其道焉尔。"《文集》卷十七《答李秀才书》。答李翊书更显明的说："非三代、两汉之书不敢观。"《文集》卷十六。从这句话的意思看来，他为要承继道统，更须排斥三代，两汉以后学者的注疏，或者是承孔孟的学术思想而著的书，所以说非直承孔子的三代、两汉之书不敢阅读。又说："侈之以《诗》《书》六艺之学，先圣贤之德音，以成其文，以附其质。"《文集》卷二十《送杨支使序》。

（二）**论教** 他论先王的教又是如何的呢？在《原道篇》上说："夫所谓先王之教者何也？博爱之谓仁，行而宜之之谓义。由是而之焉之谓道，足乎己无待于外之谓德。其文：《诗》《书》《易》《春秋》。其法：礼、乐、刑、政。其民：士、农、工、贾。其位：君、臣、父、子、师、友、宾、主、昆弟、夫妇。其服：麻丝。其居：宫室。其食：粟米、果蔬、鱼肉。其为道易明而其教易行也。"他以为教育之目的在明先王之道。先王之道易明，其教易行的。为什么易明易行呢？因为，在理论上有"仁义道德"的建立，均载于经书上。方法呢？有礼、乐、刑、政以及《大学》书上说的关于修己治人的话——格物致知，诚意正心。

（三）**论性** 韩愈不取孟子、荀子、杨子的性善、性恶、性恶善的说法，他主张"性有三品""情有三品"。在《原性篇》上说："性也者，与生俱生也……性之品有上中下三，上焉者善也而已矣，中焉者可尊而上下者也。下焉者恶焉而已矣。……孟子之言性曰人之性善，荀子之言性曰人之性恶，杨子之言性曰人之性善恶混。夫始善而进恶，与始恶而进善，与始也混而今也善恶，皆举其中而遗其上下者也，得其一而失其二者也。"他论性既分为上中下三品，教育的功效，非但对于上品性的人可导之为善，即对于中下品亦有效果。他说："上之性，就学而愈明，下之性，畏威而寡罪，是故上者可教而下者可制也。"

以上三点，可以说明韩愈的教育思想。关于他对佛教的态度，留在第五节论述。

第三节 佛派的教育思想

在未论佛学派教育思想以前，有先说明佛家派别的必要。佛教初入中国，尚少宗派。至唐时佛教推行甚广，佛理亦甚昌明，因而派别益多。兹举其要者如下：一、三论宗，以明空理为主旨。二、法相宗，以穷明万法性相为主旨。三、律宗，以守纪律为主旨。四、华严宗，以《华严经》为立理根据，力主圆顿，比其他各宗的思想为烦琐为完备。五、天台宗，以《法华》及《涅槃》为基本经典，企图综合一切习禅方法与教义。六、真言宗，又名密宗，以神秘真言为宗，相信文字声音有不可思议的神力。七、禅宗，以直指本心，不立文字为尚。八、净土宗，以专修为妙道，念佛求生净土主旨。佛教派别虽多，然各派之共同倾向，均在说明"诸行无常，诸法无我，涅槃寂静"。其次，说到佛学派的教育思想。佛蒙论性，除天台宗外，其余都主张性善说，这种主张与中国人所称的"人皆可以为尧舜"的意义相同，故其论教育多以"见性""显性"为主旨。其方法在守戒律，在静虑，在省悟，在打破人我界限，大要者在了解死生真义。

第四节　折衷于儒佛间的教育思想

折衷于儒、佛间的教育思想，应以柳宗元、李翱二人为代表，现刻分论他俩的教育思想于下：

一、柳宗元

（一）二维论　柳宗元对于管子的思维论是不同意的，他以为廉耻由礼义中出，未有礼义而无廉耻，有廉耻而无礼义，故云："吾见其二维，而未见其所以为四也。"《柳宗元集·四维论》。又说："管子以礼、义、廉、耻为四维，吾疑非管子之言也。彼所谓廉者曰不蔽恶也，世人之命廉者曰苟得也。所谓耻者不从枉也。世人之命耻者曰羞为非也。然则二者果义欤？非欤？吾见其有二维，未见其所以为四维也。"《柳宗元集·四维论》。又说："若义之绝，则廉耻其果存乎？廉与耻存则义果绝乎？人既蔽恶矣，苟得矣，从枉矣，为非而无羞矣，则义果存乎？"《柳宗元集·四维论》。

（二）天爵论　他以为先儒称仁、义、忠、信为天爵，实未尽其意，另外应付之以刚健纯粹之气。这是什么理由呢？他说："仁、义、忠、信，先儒名以为天爵，未之尽也。夫天之责斯人也，则付刚健纯粹于其躬，倬为至灵，大者圣贤，其次贤能所谓贵也。刚健之气锤于人也为志，得之者运行而可大，悠久而不息，拳拳于得善，孜孜于嗜欲，则志者其一端耳。纯粹之气，注于人也为明，达之者爽达而先觉，鉴照而无隐，盹盹于独见，渊渊于默识，则明者其一端耳。……故人有好学不倦而迷其道挠其志者，明之不至耳。有照物无遗而荡其性脱其守者，志之不至耳。明以鉴之，志以取之，役用其道德之本，舒布其五常之质，充之而弥六合，播之而奋百代，圣贤之事也。"《柳宗元集·天爵论》。这是说人有道德之本，五常之质，只要以明照之，以志守之，便可以弥六合奋百代。这种为学方法，确是受了佛教的影响。

（三）文以明道论 他主张学者习圣人的文辞，务求道而遗其辞。他说："始吾幼且少为文章，以辞为工。及长，乃知文者以明道。……本之《书》以求其质，本之《诗》以求其恒，本之《礼》以求其宜，本之《春秋》以求其断，本之《易》以求其动，此吾所以取道之原也。"柳宗元《答韦中立论师道书》。又说："圣人之言，期以明道。学者务求其道而遗其辞。辞之传于世者必由于书。道假辞而明，辞假书而传。要之，之道而已耳。"《柳宗元集·报崔秀才书》。

从柳宗元的思想观之，知道确有佛理渗入其间。他推崇佛教说："佛之道大而多容，凡有志乎物外而耻制于世者则思之焉。"《柳宗元集·送玄举归幽泉寺序》。

二、李翱

柳宗元虽同情佛教，但他的思想受佛理的影响还小。至于李翱则不然，其复性论的理论完是寄托于佛理。他本是韩愈的学生，愈曾叹息道："吾道萎迟，翱且逃矣。"《韩昌黎全集》。他把性情分成两端：以性拟禅所谓的真如，超绝相对之动静，而为致静，超绝相对之善恶，而为至善，所以说："性者所以使人为圣人者也，寂然不动，广大清明，照感天地，遂通天地之故，行止语默，无不处其极。"《复性书》。以情拟禅宗所谓的无明妄想，认性之发动为情，情有相对善恶之分，所以说："人之所以为圣人者性也，人之所以感其性者情也。喜、怒、哀、惧、爱、恶、欲七者皆情之为也。情昏则性迁，非性之过也。水之浑也，其流不清，火之烟也，其光不明。

然则性本无恶,因情而后有恶,情者常蔽性而使之钝其作用者也。"
《复性书》。他论教育之目的在复性。但是,如何能复性呢?他以
"顿悟成佛""寂而常照""诚则明"的道理为方法,他说:"或问曰:
'人之昏也久矣,将复其性者,必有渐也,敢问其方。'曰:'弗思弗
虑,情则不生,情既不生,乃为正思。正思者,无虑无思也。'易
曰:'天下何思何虑?'又曰:'闲邪存其诚。'诗曰:'思无邪。'"《复
性书》。又说:"道者至诚也。诚而不息则虚,虚而不息则明,明而不
息则照天地而无遗。非他也,此尽性命之道也。"《复性书》。由此知
道翱的教育思想在使人斋戒其心,去思去虑,以归复于至善至静之
境。

他更以"寂"和"定"解释《中庸》所谓的"诚",以"照"解
释《大学》所谓的"致知"。他说:"心寂不动,邪思自息。"《复性
书》。邪思息,则心自诚了。又说:"物至之时,其心昭昭然欲辨焉,
而不应与物者,是致知也,是知之至也。"《复性书》。可知李翱的学
术思想,实以儒学为本,渗以佛、老之学,自立一系统,这是他界
于折衷立场的原因。

第五节　科举制度与隋唐教育思想

一、科举制度的历史意义　自来帝王都知道统制知识分子以及
束缚思想的重要,不过各时代所用的方法不同罢了。春秋战国有养
士之风,诸侯竞相养士,俨然有"得士者昌,失士者亡"之概。至
汉高祖即位后,即下令求贤,并说:"贤人已与我共平之矣,而不与
我共安利之可乎?"《汉书·高祖传》。这两句话露出他求贤的真义,
后来便创立了"乡举里选"的制度。至隋唐而有科举制度,其意义
在"登进人才而录用之"。此种制度经宋、元、明及清末始废止。占
有中国千多年的历史。我们知道无论"养士"制,"乡举里选"制,
"科举"制,其唯一意义均在于"养"字上面。古代的帝王不但知道

对人民要教，而且又要从而养之，因此，"教养"二字便成为中国后世教育历史中所具有的特殊意义。不过养士教育虽起于战国，而有国家意义，还是在汉时，所以我写汉时教育思想时特别提出来说。

二、科举制度之始末 科举制度虽然创始于隋，而其大备确在唐朝。唐承隋之后，又加明经、明字、明算、一史、三史、开元礼、道举、童子举、宏文、崇文、生举种种科名。至宋、元、明、清各代均有改革，但其根本办法，从未变更。在这里我们要知道科举制度为什么能继存一千多年而不变其本呢？我认为有四点重要理由：第一，历史是演进的，政府统治知识分子的政策至隋唐大为进步，科举制度就是进步方法下的产物。第二，科举制的本身平民化，不分等级，人可以有机会由布衣而为公卿，因此，可以尽纳天下之人才，如唐太宗说的"天下英雄尽入吾彀中矣！"第三，教育制度简而易行，考试范围不出经籍，学者所读之书，唯科举考试之预备，科目至为简单。而热心于教育的人，亦容易兴办学校。第四，由科举而入升官发财的道路容易，读书的人，其目的仅为考试而预备，一旦考试及中后，便立刻可以为官，如宋代的王安石，明代的张居正，清代的李鸿章、曾国藩等都是由科举考试出身的大政治家，因是大为知识分子所欢迎。

三、科举之流弊及其对教育思想之影响 我们欲明科举对于教育思想之影响，必先知道他的流弊何如？如唐时扬州刺史赵匡举出流弊十条，《通典·选举五》。最深刻的要算第二条。他说："人之心智，盖有崖分，而九流七略，书籍无穷，主司征问，不立程限，故修习之时，但务钞略，比及就试，偶中是期。业无所成，因由于此。"《通典·选举五》。科举的流毒真大，如李德裕之功业，而自称臣祖，天宝末以仕进无他歧，勉强随计，一举登第，自后家不置文选，以韩愈之才，四试于礼部始得出身，三试于吏部无成，十年还是布衣。科举教育流弊既是如此，则对于教育思想影响当然很大。第一，政府利用科举为统治知识分子之具，思想不能自由发展，影响于后世学术思想的前途至巨。第二，养成士的富贵功名思想。政府以科举为利诱之具，唯恐士之不入彀，并从而宣传，如宋真宗

《劝学诗》说："书中自有千钟粟，书中自有黄金屋，书中自有颜如玉，书中车马多如簇。"《宋史》。这即是说读书中科以后，衣、食、住、行、性都有美满的解决。衣、食、住、行、性为人生活最重要者，既都能美满解决，焉得不富贵的吗？事实上一般读书的人，手刚持书本即想得功名，如郑板桥说："一捧书本便想中举中进士做官，如何攫取金钱，造大房屋，置多田产。"《郑板桥集》。更透彻的说明士之唯一目的在富贵功名了。第三，养成空疏无用的学问。科举教育之唯一意义，是在应付考试所需用的知识，因而，大多偏重于文章形式的学问，真实的学问，则却之不理。如此而求得的学问，焉能广博，焉能不空疏无用。第四，养成夤缘奔竞的劣习。士之出路既在为官，求得出路之所，又不外于科举，所以士子在末入试以前，须奔竞以求得做官之资格，既中科以后，更须夤缘奔竞以得做官，于是奔竞无耻之风大盛。宗臣《报刘一丈书》，将这种风气形容尽致，读之令人捧腹大笑。

以上四端，直影响于教育思想至千余年不变，试问在科举教育统治之下，知识分子多为做官而忙碌终身，何有暇顾及于学术思想之研讨呢？所以真正大学问家是痛心疾首至终反对的，如宋儒朱熹、陆象山等是。赞成科举教育的，恐怕只有一知半解的士以及由科举出身的政客而已。

第一，在魏、晋、南北朝思想界呈现儒、佛两大洪流，而以儒家为其领导。至隋、唐因汉民族之强大化，促成南北思想之融合，于是这时的教育思想便在"儒家""佛家""折忠派"三种形式之下交织的演进着。其演进的途径又以儒家的思想为前驱。

第二，隋、唐教育思想因汉民族之统一强大化的结果，人民受刺激而起的意识形态，亦较魏、晋、南北朝为积极、为实用、为新颖。

第三，隋、唐的教育思想多超于平民化，在科举教育统制之下，平民化的意义更觉其具体。

第四，科举制度影响于教育思想至巨，时间延长千余年，这是中国晚近教育思想不开展的征结。最大的弊端是读书的人养成种富贵功名的观念，空疏无用的学问，夤缘奔竞的无耻风气。

第九章

宋元明的教育思想

第一节　政治的变动与思想勃兴的原因

唐末政府的统治能力衰弱，宇内分裂，形成割据与混乱的局面。继起的政权，或是从农民军中转变出来的反农民的游民队伍，朱温为代表。或是游牧战士乘机入掠，李克用为代表。或者是各地豪家划地自守，钱镠为代表。或勾结异族倚势称雄，石敬瑭为代表。如此，中国便陷于军阀混乱的形态。同时朱、李党争不息，中央政治更趋于混乱黑暗的境地。

到了宋代，国内统一，中央政府的统治力又强大起来，但至神宗以后，多次败北于金，至徽、钦时代，国土丧失几尽，南渡偏安，仅能维持残局。在这里我们须知道宋代国弱的原因：第一，为外族之侵略，次为国内长期陷于不安的状态，农民暴动的乱事最多，实是最严重的事实。在此种情况之下，国家教育不甚发展，私人讲学的风气很盛行。大概是政治混乱，学者为避免政治上的繁扰，埋头于个人的研究与讲学的原因吧？至元朝以异族入主中国，他虽努力于种族教育、政治教育之施行，但时间颇短，不见成绩。元之最大贡献，为沟通中西洋文化，这是我国文化史上最重要的一页。明太祖虽复兴了汉族，其势之雄仍不及汉、唐。末年政治腐败，内乱迭起，终又被异族所征服。

历史教训告诉我们，在变乱的社会中，愈能产生新颖旺盛的思想。宋、元、明三朝，虽有治平的时期，但乱的时间比较的长，这时思想的承继与演进，实得力于一般私人讲学的功劳。至于帝王提倡之功亦不能否认，如宋太祖即位的时候，首先奖励儒学，增茸祠宇，敬崇孔、颜，他曾对侍臣说："朕欲武臣尽读书，以使知为治之道。"《宋史》。又以翰林学士宝仪能识一镜背后所刊铸的乾德年号，遂叹道："宰相须用读书人。"《宋史》。于是更信任儒臣。雍熙元年诏求遗书。他说："教化之本，治乱之原，苟无书籍，何以取法？"《宋史》。于此可见当时的帝王对于教育之重视。

第二节　本期思想的来源演变及其社会基础

一、思想基础

（一）**思想的来源**　汉以后儒、佛、道三教互争雄长，到宋时三教统一的声浪很盛，中经韩愈以儒家正统自治，作《原道篇》，独尊孔子，排斥他教，遂开儒家"护道运动"之始，因此，三教统一的趋势受一打击。但是，佛、道两教的势力并不弱，在思想界中仍占有相当地位。宋初诸儒奋起，以整理儒学，巩固儒家思想阵线为己任，一面吸收佛、道两家之哲理，重新建立儒家的政治哲学与伦理哲学，一面竭力压迫佛、道两家的势力。最努力的为石介，他上孙复书有云"攘臂欲操万丈戈，力与熙道攻浮伪"，《宋元学案》卷二。这种气势是如何的豪壮，及至周、程、朱、张正统派起，儒家思想大振，营阵当非宋初所能比。

（二）**思想的演变**　我国旧昔学术思想之出发点，多不外于"性心""理""气"三项。本期思想更注重于"理"，缪天绶先生说："至宋儒则应用'理'字，尤为广泛，在宇宙论则言'理气'，在心论则言'性即理'，在工夫论则言'存理去欲'，这'理'字到宋儒手中扩到无穷大了。"缪选注《宋元学案序言》万有文库本。形而上学的理学之名，自此而得。但是理学的派别又不一致，以演变之趋势而论，则有洛学前期、洛学期、洛学后期、闽学前期、闽学后期之别。每期中又有若干系，大别为朱学、陆学、吕学三派。至元由派别上区分之，则有朱学派，以许衡、刘因为代表，陆学派以杨袁、陈静明为代表，朱、陆调和派，以吴草庐、郑师山为代表。至明，朱、陆两派互相争胜，陆学终被黜，朱学遂大兴。朱学期中又分金华、崇仁、河东、江门四派，王学盛期中自以阳明为中心人物，当时和他对峙的各派的代表人物为余切齐、吕泾野、湛甘泉、罗整庵等。王学修正期中又分为东林学派与甘泉学派，以顾泾阳、刘蕺山为代表，以上均系宋、元、明三朝学术思想演变的大概。

二、社会基础

秦、汉以后，官僚大地主阶层与商业资本逐渐发展，见本书第七章第一节、第八章第一节。至宋、元、明三代其势已达不可侮，这时阶层间的矛盾十分尖锐，农民受不过地主阶层及商人的压榨起来反抗，暴动。即地主阶层亦化分成为大小的对立。我们从宋时的广大农民暴动以及明末流贼横行的事实中，就可以知道当时是怎样的一种社会了。

在社会阶层的矛盾斗争之下，反映出阶层意识的对立亦很明显。官僚大地主阶层自然需要形而上学的哲学思想，所以在宋时观念论的哲学上的最高形态的理学，亦就融合儒、释、道三教而产生。他的代表在宋是周、张、邵、程、朱、陆，在明是王、刘，念台。所以诸儒论教育，总与现实隔绝，而高谈明心见性。其相反的，当然是小地主阶层反映出来的意识形态。这派思想，带着很浓厚的形而下学的色彩，企图推翻官僚大地主阶层意识的统治，谋社会的改良与本阶层的解放。他的代表人，在宋最有力的是王安石，在元是许鲁斋，在明是吴康斋，所以王氏论教育则主"为天下国家用"，论政治经济注重于三司条例，保甲、青苗法等，处处与代表大地主阶层的司马光、欧阳修等的政治意见冲突。至于许、吴二氏主张的生产教育，尤可代表小地主阶层的意识，更是形而上学的哲学家梦想不到的。

第三节　各家的教育思想（宋）

一、胡瑗

胡瑗为宋学之先驱，宋世学术之盛皆由他与孙泰山的开导得力。他的教育思想实有可研究之处，吾人切不可忽略。

第一，主张以道德、仁、义为教之本。他的门人刘彝对神宗问曰："臣师胡瑗以道德仁义教东南诸生。"《宋元学案》卷一《安定学案》。

第二，注重于明体达用之学。明体达用之学是什么呢？他以君臣、父子、仁、义、礼、乐为体，诗、书、史、传、子、集为文，举而指之天下，能润泽斯民归于皇极为用。自来学者每多忽略体用之重要，故尚声律浮华之词，是以风俗偷薄。刘彝对神宗问，又说："臣闻圣人之道，有体、有用、有文。君臣、父子、仁、义、礼、乐，历世不可变者，其体也。诗、书、史、传、子、集，垂法后世者，其文也。举而措之天下，能润泽斯民归于皇极者，其用也。国家累朝取士，不以体用为本，而尚声律浮华之词，是以风偷伦薄。臣师当元宝、明道之间，尤病其失，遂以明体达用之学授诸生，夙夜勤瘁，二十余年，专切学校。……故今学者明夫圣人体用以为政教之本，皆臣师之功。……"《宋元学案》卷一《安定学案》。瑗任教垂二十多年，门人散于四方者不可胜数，诚为宋初开首的一个大教育家。

第三，注重雅乐歌诗以陶冶德性。《安定学案》附录中说："先生在学时，每公私试罢，掌仪率诸生会于肯善堂，合雅乐诗歌，至夜乃散。诸斋亦自歌诗奏乐，琴瑟之声彻于外。"

二、王安石

王安石为我国有名的政治家，其政治思想，乃全出于儒家，故道必尊先王，言必称孔、孟。当变法的时候，深感人才缺乏的痛苦，所以提出培养人才为修政之要道。他说："陛下虽欲变改更革天下之事，合于先王之意，其势必不能；……以天下之人才不足故也。"《王荆公全集·上仁宗皇帝言事书》。他既感觉人才缺乏，为变法之阻碍，于是有陶冶人才之主张。但是如何陶冶人才？他又提出教、养、取、任四原则。如："所谓陶冶而成之者，何也？亦教之、养之、取之、任之，有其道而已。"《王荆公全集·上仁宗皇帝言事书》。教、养、取、任，如能得其道，那么天下国家之事，无所欲而不得也。所以说王安石之政治思想的最高点，为教、养、取、任，又总括于教育范围内，因此，我们知道他的政治思想实以教为中心。

（甲）**可以为天下国家用的教育论** 他认教育之目的在培养能为天下国家做事的人才，如果不可，则失去教育之意义，简直无须乎有教育，所以他说："古者天子诸侯，自国至于乡党，皆有学，博置教导之官，而严其选。朝庭礼、乐行政之事，皆在于学。士所观而习者，皆先王之法言德行治天下之意，其才亦可以为天下国家之用。苟不可以为天下国家之用，则不教也。苟可以为天下国家之用者，则无不在于学。此教之之道也。"《王荆公全集·上仁宗皇帝言事书》。

（乙）**人格感化的教育论** 他认人格感化为培养人才之最良方法，既主张人格感化，所以反对法令规律的告诫。他说："善教者藏其用，民化上而不知所以教之之源。……善教者之为教也，致吾义忠，而天下之君臣，义且忠矣；致吾孝慈，而天下之父子，孝且慈也。致吾思于兄弟，而天下之兄弟，相为思矣；致吾礼于夫妇，而天下之夫妇，相为礼矣。天下之君君、臣臣、父父、子子、兄兄、弟弟、夫夫、妇妇皆吾教也。……不善教者之为教也，不此之务，而暴为之制，烦为之防，劬劬于法令告诫之间……"《王荆公全集·原教篇》。以法令规律施教，实是种强迫教育，违背自然，所以又说："强之为言，其犹囿毛羽，治鳞介乎？一矢其制。脱然逝矣。"

《王荆公全集·原教篇》。

（丙）齐一道德的教育论　神宗时安石倡改革学制，主张兴学校以复古，罢除明经诸科，颇遭时人之反对，苏轼反对至烈。他遂以"齐一道德"的理由痛驳之。他说："今人才缺少，且其学术不一，一人一义，十八十义，朝廷欲有所为，异论纷纭，莫肯承听，此盖朝廷不能一道德故也。故一道德则修学校，欲修学校，则贡举法不可不变。……今以少壮时，正当请求天下正理，乃闭门学作诗赋；及其入官，世事皆所不习。此乃科学败坏，人才致不如古。"《王荆公全集》。

三、司马光

司马光为宋时旧党之首领，反对王安石行新法颇为激烈。他的思想受佛道之影响，其拟扬雄太玄，作《潜虚》，以数理为论宇宙之根本。他说："万物皆祖于虚，生于气，气以成体，体以受性，性以辨名，名以立行，行以俟命；故虚者物之府也，气者生之户也，体者质之具也，性者神之赋也，明者事之分也，行者人之务也，命者时之遇也。"司马著《潜虚》。这段是司马光论宇宙最重要的文字。

他的学问，始于不妄语，而成于脚踏实地。《宋元学案附录》刘漫堂的批评语。论求学之方法，注重于治心，如他说："学者所以求治心也，学虽多而心不治，何以学为。"《司马温公文集》。至于治心的方法，则在于正静，所以他说："治心以正，保躬以静，退进有义，得失有命，守道在己，成功在天，夫复何为，莫非自然。"《司马温公文集》。"得失有命，守道在己，成功在天，夫复何为，莫非自然。"这几句话，充分表示他的思想受佛道之影响很深，何怪他反对王安石的新法呵！

四、邵雍

邵雍论教育以修身为本，治人应物，皆为余外的事。他说："君子之学，以润身为本；其治人应物皆余事也。"邵著《观物外篇》。这点可说是他教育思想的原则。他论教育的目的、教育的方法，都准于此。

（甲）教育的目的论　他认教育的目的在学圣人；因为，圣人是理想中最完善无缺的人。他说："圣人者，人之至也。人之至者谓其能以一心观万心，一身观万身；一世观万世者焉；其能以心代天意，口代天言，手代天工，身代天事者焉；其能弥纶天地，出入造化，进退古今，表里人物者焉。"邵著《观物外篇》。他既认圣人的伟大可与天齐，所以主张学问须达于际天人。他说："学不际天人，不足谓之学。"邵著《观物外篇》。因此，学问能际天人，则可近圣人了。

（乙）教育的方法论　他论求学的方法，以内心愉快为主。他说："学不至于乐，不可为之学。"邵著《观物外篇》。另有三种方法，值得我们注意。第一、读书须穷理。理总括于《易》《诗》《书》《春秋》四书；四书为圣人之经，圣经不差则君德成，所以欲穷理，必读此四书。第二、心须专一。专一即不分，不分则能应万物。第三、在慎独。他说："思虑一萌，鬼神知之矣，故君子不可不慎独。"《观物外篇》。

五、周子

周敦颐，字茂叔，别号濂溪。他的学问以"诚"为本质，所谓"诚"即是静止的意思，故曰："寂然不动者，'诚'也。"周著《通书·圣》第四。他以"无极而太极"为宇宙论的根基，并以阴阳动静作为解释宇宙的一切现象。所谓太极即是万物之源，无形无状，无声无臭。有至极之理，而无一定之体，故曰："无极而太极。"他说："无极而太极，太极动而生阳，动极而静，静而生阴，静极复动；一动一静，互为其根，分阴分阳，两仪立焉。阳变阴合而生水、火、木、金、土，五气顺布，四时行焉。五行，一阴阳也；阴阳，一太极也；太极本无极也。五行之生也，各一其性；无极之真，二五之精，妙合而凝，乾道成男，坤道成女。二气交感，化生万物，万物生生，而变化无穷焉。惟人也得其秀而最灵，形既生矣，神发知矣，五性感动，而善恶分，万事出矣。圣人定之以中正仁义而主静，立人极焉。故圣人与天地合其德，日月合其明，四时合其序，鬼神合其吉凶。君子修之吉，小人悖其凶，故曰：立天之道，曰阴与阳；立地之道，曰柔与刚；立人之道，曰仁与义。"又曰："原始反终，故知死生之说。大哉《易》也，斯其至矣。"周著《太极图说》。

他的教育思想，可分为目的论、方法论两种：

（甲）教育的目的论 周敦颐以为教育之目的在于养成圣贤。他说："圣人之道，仁义中正而已，守之则贵，行之则利，廓之而配乎天地，岂不易简，岂为难知，不守不行不廓耳。"《通书·道》第六。他以能守仁义中正之道的为圣人，反之为小人，所以说："圣人定之以仁义中正而主静，立人极焉。"《通书·道》第六。

（乙）教育的方法论 教育的目的既在学圣人，但是，如何才能学圣人呢？周敦颐又指出方法来。第一，思考。思考为积极修为之法，他认思考为圣功之本，所以说："洪范曰'思曰睿，睿作圣'无思本也；思通用也；几动于彼；诚动于此；无思而无不通为圣人；不思则不能通微；不睿则不能无不通；是则无不通生于通微；通微生于思；故思者圣功之本，而吉凶之几也。"《通书·思》第九。第二，无欲。无欲为消极修为之法。他说："一为要；一者无欲也；无欲则静虚动直；静虚则明，明则通；动直则公，公则溥；明、通、公、溥，庶矣乎？"《通书·圣学》第二十。第三，在求良师。他以刚柔善恶的性，只有师能达其中，其余的人须求师教道，始能达于其中。他说："中也者：和也，中节也，天下之达道也，圣人之事也。故圣人立教，俾人自易其恶，自至其中而止矣。故先觉觉后觉，暗者求于明，而师道立矣。师道立则善人多，善人多则朝廷正而天下治矣。"《通书·师》第七。他认道义是天地间至尊贵的，一般的人要想身有道义，非求师教导不可，所以他说："人生而蒙，长无师友则愚，是道义由师友有之，而得贵且尊。"《通书·师友》下第二十五。

六、大程子

程颢，字伯淳，门人谥之为明道先生。在未论他的教育思想以前，有将他的宇宙哲学、伦理哲学先为说明的必要。兹分为宇宙论、论性、论仁三项如下：

（甲）宇宙论　大程子的宇宙论本于《易》，以"乾元一气"为宇宙之根本；"生生"其宇宙观也。即言万物之生，皆乾元一气所致。他说："《系辞》曰：'形而上者谓之道，形而下者谓之器。'又曰：'立天之道，曰阴，曰阳；立地之道，曰柔曰刚；立人之道，曰仁曰义。'又曰：'一阴一阳之谓道。'阴阳亦形而下者也，而曰道者，惟此语截得上下最分明，原来只此是道，要在人默而识之也。"《明道语录》。又说："'生生之谓易'，是天之所以为道也。"《明道语录》。"'天地之大德曰生'，'天地纲缊万物化醇'。生之谓性，万物之生，意最可观。"《明道语录》。他论宇宙的真相观，就是"无独有对"，亦即是自然之理。他说："天地万物之理，无独必有对，皆自然而然，非有安排也。"《明道语录》。

（乙）论性　他的论性之说，亦根源于宇宙观。他说："生之谓性。性即气，气即性，生之谓也。"《明道语录》。性又分为质之性与本然之性两种。他说："人生气禀，理有善恶，然不是性中有此两物相对而生也。有自幼而善，有自幼而恶，是气禀自然也。""盖生之谓性，人生而静，以上不容说，才说性，便已不是性也。"《明道语录》。

（丙）论仁　大程子论仁的著作为《识仁篇》，亦即是他学说的根本。他分仁为广义与狭义两种。何谓广义的仁呢？如他说："刚毅木讷，质之近乎仁也。力行，学之近乎仁也。若夫至仁，则天地为一身。"《明道语录》。又说："仁者浑然与物同体，义、礼、智、信皆仁也。"《明道识仁篇》。何谓狭义的仁呢？他说："识得此理以诚敬存之而已。"《明道识仁篇》。他论仁与天地万物同为一体，"医书言手足痿痹为不仁；此言最善名状，仁者以天地万物为一体，莫非己也。识得为己，何所不至。若不有诸己，自与己不相干。如手足不仁，气已不贯，皆不属己，故博施众乃圣人之圣用。仁至难言，故曰：'己欲立而立人，己欲达而达人，能近取譬，可谓仁之方也已。'欲令如是观仁，可以得仁之体"。《明道语录》。这是他对仁的总论，最重要的用意，是在使人知道仁之体为何。

大程子的宇宙论、论性、论仁，在上文已经说明了，现在来讨论他的教育思想。他的教育思想可分为教育的目的与教育的方法两种：

（甲）教育的目的论　他论教育的目的，在使人知道仁的道理。他说："学者须先识仁。仁者浑然与物同体，义、礼、智、信皆仁也。识得此理，以诚敬存之而已。不须防检，不须穷索，若心懈则有防；心苟不懈，何防之有？理有未得，故须穷索；存久自明，安待穷索？此道与物无对，大不足以明之。天地之用，皆我之用。孟子言'万物皆备于我'，须'反身而诚'，乃为大乐，若反身未诚，则犹二物有对，以己合彼，终未有之，又安得乐？《订顽》即横渠的《西铭》之旧称。的意思，乃备言此体。以此意存之，更有何事？'必有事焉而勿正，心勿忘，勿助长'，未尝致纤毫之力，此其存之之道。若存得便合有得。盖良知良能元不丧失，以昔日习心未除，却须存习此心，久则可夺旧习。此理至约，惟患不能守。既能体之而乐，亦不患不能守也。"《明道识仁篇》。

（乙）教育的方法论　大程子论教育的方法有三：第一，在主敬。他主张敬为求学的根本方法，与周敦颐主张"思"的意思相同；因为，敬而后能静，静而后能定，定而后能明，与思而后诚，诚而后静，静而后能通达，有何区别呢？他说："知至则便意诚，若有知至不诚者，皆知未至耳。"《明道语录》。"学者不必远求，近取诸身，只明人理，敬而已矣，便是约处。"《明道语录》。总之，他认为学者只须敬守此心，则动静居处，都很适宜，所以他说居恭处，执事敬，敬即能得，是求学的最好方法。如果能敬，则可以胜百邪，可以对越上帝，这样便能达仁的境地了。第二，在内外两忘。所谓内外两忘，即是自己与外物都要忘的意思。内外两忘，则澄然无事，无事则可由定而明，就能做到敬的工夫。他说："与其非外而是内，不若内外之两忘。两忘则澄然无事，无事则定，定则明，明则尚何应物之为累、之喜怒，不系于心，而系于物也。今以自私用智之喜怒、而视圣人喜怒之正为何如哉!"《定性书》。第三，在自得。自得之义，就是切不可急迫求之。他说："学者须敬守此心，不可急迫。当栽培深厚，涵泳于其间，然后可以自得。但急迫求之，终是私己，终不足以达道。"《定性书》。所谓不可急迫，就是孟子所说的"勿助长"的意思。

七、小程子

程颐，字正叔，别号伊川，为程颢之弟。二程虽是情属兄弟，但是，思想各别。小程之学为朱学之始祖，其哲学基础更较大程子为有系统。现仍先论他的宇宙观，以及论性，次论他的教育思想。

（甲）宇宙观 小程子的宇宙观为"理气二元论"。日本高瀬武次郎说："明道为气一元论，伊川则说理气二元论，理气二元论至朱子益密，而伊川实为之端。"见高著《中国哲学史》。他认为阴阳不能离道，阴阳又是种气，所以气是形而下的，道是形而上的。他在《语录》上说："离了阴阳更无道，所以阴阳者，是道也;阴阳，气也。气是形而下者，道是形而上者。形而上者，则是密也。"又说："一阴一阳之谓道，道非阴阳也，所以一阴一阳道也。"

（乙）论性 他首先肯定"命、天、心、情"为一体，与性有密切关系。何以故? 因为，他认为命为性之本，天为性之所由出，心为性之有形的东西，情为性之动态，舍此莫由说明性的意义。其次，他论性即是理，所谓理性是。他说："天下之理，原其所自，未有不善。喜、怒、哀、乐之未发，何尝不善。发而中节，即无往而不善，善发不中节，然后为不善，故凡言善恶，皆先善而后恶。"《伊川语录》。为什么能先善而后恶呢? 这就是材有善恶。材为什么有善恶? 就是禀气之不同所致。他说："材禀于气，气有清浊，禀其清者为贤，禀其恶者为愚。"《伊川语录》。愚者亦有可移之理，惟自暴自弃者，乃有不可改变。可见他论性是以材气为中心的。他又主张命、性、理三者一致说，如"天之赋与谓之命，禀之在我谓之性，见诸事实谓之理"。《伊川语录》。

（丙）教育的目的论　小程子论教育的目的仍在学圣人。他说："学以至圣人之道也。"《颜子所好何学篇》。又说："故学必尽其心，尽其心则知其性，知其性反而诚之，圣人也。"《颜子所好何学篇》。

（丁）教育的方法论　第一，注重居敬。居敬即是主一之谓，主一即是心不二用的意思。至于不敢欺，不敢慢，尚不愧于屋漏，皆是属于敬之事。敬的修养到极处，便能身心愉快，天理自然明白，动容周旋均能合于礼，所以他说："入道莫如敬，未有能致知而不敬者。"《颜子所好何学篇》。第二，修明浊气。他说："气有清浊。性则无不善；养孟子所养之气，达于至极之点，则清明纯全，而去所昏塞之恶。"《颜子所好何学篇》。至于用何种方法以修明浊气呢？首在寡欲。他说："致知在所养，养知莫过于寡欲二字。"《颜子所好何学篇》。因为，寡欲则气清，气清则能敬，能敬则理自灵明。第三，是穷理。小程子恐敬字未尽，益之以穷理之说，所以他说："涵养须用敬，进学在致知。"《伊川语录》。至于穷理的方法有三："一，为读书讲名义理；二，为论古今人物别其是非；三，为应接事物而处其当。"但是，要达穷理之目的，又非思考不可。他说："学莫贵于思，唯思为能窒欲，不深思则不能造道。"《颜子所好何学篇》。第四，注重积习。格物自然可以致知，但亦不能格一物而万物皆知，究应如何格物呢？即是要有积习的精神，"今日格一件，明日格一件，积习既多，然后脱然有贯通处"。《颜子所好何学篇》。

（戊）知行论　小程子的知行合一说，为王阳明之先驱，不过阳明注重行，颐注重知而已。他认为知较行为重要，人必先知而后行，不知而勉强行者，安能持久。如遇异端出，被将流岩而不知反，内不知好恶，外不知是非。所以他说："须是识在所行之先，譬如行路，须是光照。"《颜子所好何学篇》。"古人言知之非艰者，吾谓知之亦未易也。"《颜子所好何学篇》。"未致知，怎生得行。勉强行者。安能持久？除非烛理明，自然乐循理。"《颜子所好何学篇》。"知至则当至之，知终则当遂终之，须以知为本。知之深，则行之必至，无有知之而不能行者。知而不能行，只是知得浅。虽饥不食鸟啄，人不蹈水火，只是知也。人为不善，只是不知。"《颜子所好何学篇》。

（己）**结论**　由以上的分析而观之，可知小程子的哲学思想实是一贯的。而他的教育思想又与其宇宙哲学、伦理哲学构成一个完密的系统，这实是宋学中少有的事。兹将他的全部思想列表如下：

八、二程子教育思想的异同

（甲）教育思想的异点：

第一，程颢主张"乾元一气论"以"生生"为宇宙观，程颐则主张"理气二元论"，认定理为形而上的，气为形而下的，两者实而不可分离。

第二，程颢以性即气，气即性。程颢以性即理，所谓理性是也。

第三，程颢认识教育之目的，在使人知道仁的道理。程颢认识教育之目的，在使人学圣人。但是仁之至达者，即是圣人。可见他俩论教育目的，只是表面相异，其实是殊途同归。

第四，程颢论教育方法，注重于忘内外自得，他以静字稍偏，不若专主于敬。程颐论教育方法，注重养气寡欲以修明浊气，穷理以致知，积习以脱然贯通。颐则以敬字未尽，益之以穷理之说。

（乙）教育思想的同点：

第一，二程子得周子之传，然后有以穷极性命之根底，发挥义理之精微。人谓二程子比汉、唐诸儒高一层，可见二人之学，其根本同出于孔孟。

第二，程子的哲学多由宇宙论而推演到伦理说。*这不但是二程子为然，凡儒家学者莫不肯然。*

第三，二程子均主张敬是修为的根本方法，不过二人主张敬的出发点，稍有不同而已。*见教育思想的异点第四条。*至于他二人对教育目的主张仍是相同的。*见教育思想的异点第三条。*

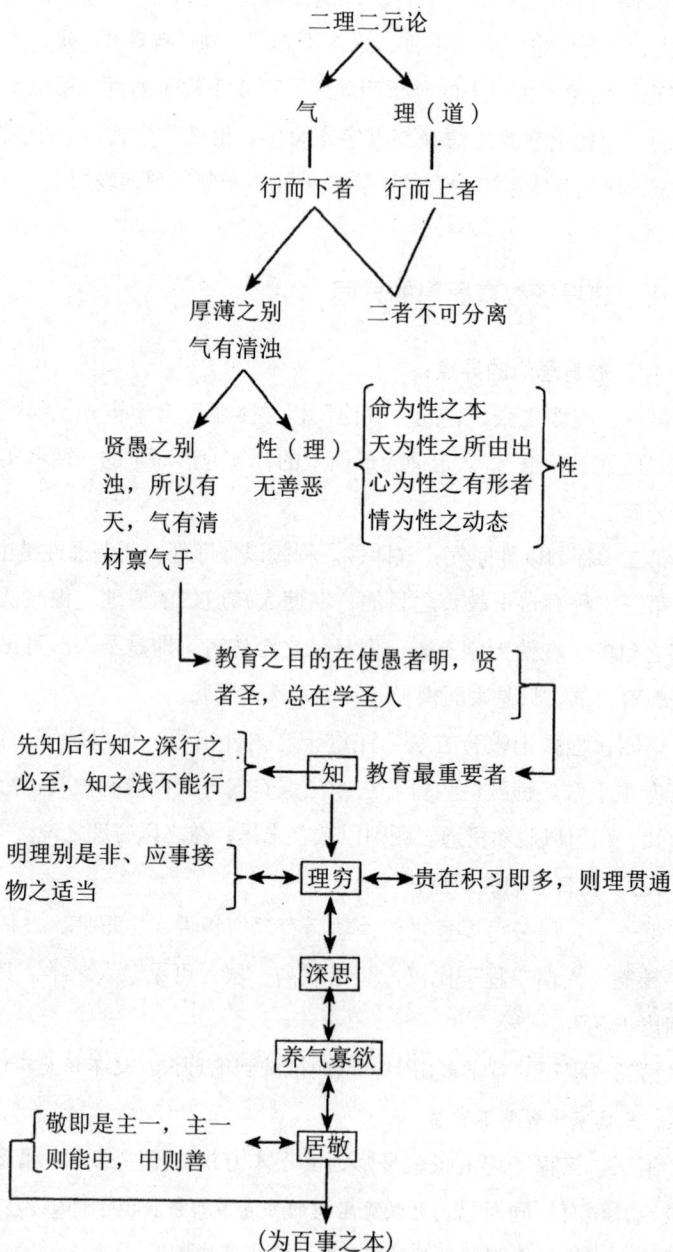

二理二元论

气　　　理（道）

行而下者　行而上者

厚薄之别　　　二者不可分离
气有清浊

贤愚之别　性（理）　⎰命为性之本
浊，所以有　无善恶　　天为性之所由出　⎱性
天，气有清　　　　　　心为性之有形者
材禀气于　　　　　　　情为性之动态

教育之目的在使愚者明，贤　⎱
者圣，总在学圣人　　　　　⎰

先知后行知之深行之　⎱　知　教育最重要者
必至，知之浅不能行　⎰

明理别是非、应事接　⎱　理穷　贵在积习即多，则理贯通
物之适当　　　　　　⎰

深思

养气寡欲

敬即是主一，主一　⎱　居敬
则能中，中则善　　⎰

（为百事之本）

九、张子

张子，字子厚，别号横渠。程子说道："世学胶固不通，故张子立太虚一大以激励之。"可见张子学说，对宋学之影响了。兹分论于下：

（甲）宇宙论 张子以太虚为宇宙论之根本，太虚就是气，气是"块然太虚，升降飞扬，未尝止息"的。张著《正蒙太和篇》第一。太虚有凝散二动力，其凝散的时候，就是物，所以万物为太虚所变化的容形。万物分散，仍归于本体，本体就是太虚。由此看来，太虚实含有活动性。由阴阳会合冲和而成的各种现象，谓之太和。现象虽有不同，而来源是一。他说："造化所成，无一物相肖者，以是知万物虽然，其实一物无无阴阳者，以是知天地变二端而已。"张著《正蒙太和篇》第一。又说："两不立，则一不可见，一不可见，则两之用息。两体者虚实也，动静也，聚散也，清浊也，其究一而已。"张著《正蒙太和篇》第一。于此可见张子之宇宙论实是一元的，即是说宇宙间的一切现象，都发之于太虚。

（乙）论性 他论性亦是根据他的宇宙观而来的。太虚凝聚而成万物，人亦是万物之一，所以人亦是太虚所凝聚而成的。惟太虚有清有浊，故凝聚的人的气质性心亦有贤愚善恶之不同。他对于天、道、性、心亦根据宇宙观而立论，如他说："由太虚有天之名，由气化有道之名，合虚与气有性之名，合性与知觉有心之名。"张著《正蒙太和篇》第一。以为宇宙之间，只有太虚循自然之方式而运行，所谓天、道、性、心者皆由太虚之所由生。太虚因有机灵，便能知觉外界，知觉外界又是心的作用，所以心是触物而生的。他认心性又有区别，心为吾人精神界全体之总名，而性则自心之本体言之，情则自心之发动言之，所以他说："心统性情者也。"张著《性理拾遗》。又说："有形则有体，有性则有情，形而后有气质之性。"张著《性理拾遗》。他提出天地气质两性说，于学术贡献甚大。朱熹说："气质之说，极有功于圣门，有补于后学，前此未曾说到。"《朱子语录》。

（丙）教育的目的论 他既认人之气质有贤愚善恶，则教育的目的便在使人变化气质。变化气质为张子修为之术，亦其学说之真髓，所以他说："为学大，益在自能变化气质。"张著《理窟篇》。

（丁）教育的方法论 第一，在学礼。他教门人，日常动作必合于礼，因为，礼为变化气质除去了世俗恶习的缠绕的最好方法，所以他说："某所以使学者先学礼者，只为学礼，则便除去了世俗一副常习熟缠绕。"《张子语录》。第二，注重幼年的训练。他认为幼少时即应养成种正常习惯，所以他说："蒙以养正，使蒙者不失其正，教人者之功也。"《张子语录》。第三，在清心寡欲。他说"心清时常少，乱时常多。其清时，即视明听聪，四体不待羁束而自然恭谨。其乱时反之反是。"张著《理窟篇》。第四，在能知学生之心理与必要。他说："教人者必知至学之难易，知人之美恶。知至学之难易，知德也；知其美恶，知人也。知其人且知其德，故能教人使入德，仲尼所以问同而答异以此。"《张子语录》。第五，在能怀疑。能疑是求学的大要处，因为，疑乃有思，思乃有进。所以他说："所以观书者，释己之疑，明己之未达，每见每知所益，则学进矣。于不疑处有疑，方是进矣。"《理窟篇》。又说："在可疑而不疑者，不曾学，学则是疑。"《理窟篇》。张子论教育方法能注意到学者的心，这是他的独见之处。

十、谢上蔡

谢上蔡与杨龟山均系程门的两大弟子。本来程门弟子不止谢、杨二人，不过他俩是最能本程门之学而加以阐发的。因此，在诸弟子中，只有他二人著名。

上蔡的学说以"心"为中心，本之明道，而近于佛，他以为心即是仁，如他说："心者，何也？仁是已。仁者，何也？活着为仁，死者为不仁。"《上蔡语录》。这与他的老师明道所说仁为元气、为性、为道心不同。他又说："今人身体麻痹，不知痛痒，谓之不仁，桃杏之核可种而生者，谓之桃仁杏仁，有生之意，推之而仁可见矣。"《上蔡语录》。这于伊川分析心与仁又不同。他又以仁就是天理：所谓天理者，自然的道理。天理存则人欲必去，所以他说："学佛者知，此谓之见性，遂以为了。圣门学者见此消息，必加功焉，故曰：'回虽不敏，请事斯语矣。''雍虽不敏，请事斯语矣。''仁操则存，舍则亡。'"《上蔡语录》。天理在人既有如是之重要，所以教育的目的就在使人保存此天理，其方法在格物穷理。因为，"穷理则可知天之所为；知天下之所为则与天为一；与天为一，无往而非理也"。《上蔡语录》。

十一、杨龟山

杨龟山的宇宙哲学，与明道同为"乾元一气论"，即是说天地间只是一气，宇宙的千变万化，不外一气的离散聚合而已。因此，元气为宇宙的实体，生灭变化，就是实体的现象。他论道以诚字为主体，自致知格物起一直到修身平天下，其间之道，皆以诚为主，所以他说："致知必先于格物，物格而后知至，知至斯知止矣，此序也。盖格物所以致知，格物而至于物格，则知之者至矣。所谓止者，乃其至处也。自修身推而至于平天下，莫有不道焉，而皆以诚意为主。苟无诚意，虽有其道不能行。"《龟山文集答学者》。可见他是如何重视诚意呵！

至于他论教育的目的，在教人为圣人。其方法，在格物致知。其致知的教材，以六经为主。因为，六经是圣人之微言，所以必须读六经。以上是杨氏教育思想的大概。

十二、朱子

朱子，名熹，字元晦，别号晦庵，为宋代唯一的大哲学家。他的功绩，在汇集古来诸家的思想，如孔子的"仁"，子思的"诚"，孟子的"仁义"，周子的"太极图说"，小程子的"理气二元论"，"居敬穷理说"，张子的"心性说"，邵雍的"先天易说"等是。加以综合整理，详细阐发，融会贯通。他在学术思想界实有很高的地位，所以当时与后世的学者都很敬佩他。如黄东发《日钞》上说："晦庵先生表章四书，开示后学，复作《易本义》，作《诗传》，面授作《书传》，分授作《礼经疏义》，且谓《春秋》本《鲁史》旧文，于是明圣人正大本心，以破后世穿凿凡例。……六经之道赖之而昭昭乎如揭中天之日月。其为文也，孰大于是。……然其天才卓绝，学力闳肆，落笔成章，殆于天造。其剖析性理之精微，则日精月明；其穷诘邪说之隐遁，则神搜霆击。其感慨忠义，发明《离骚》，则苦雨凄风之变态。"《宋元学案》卷四十八，四十九《晦翁学案诸儒批评》。蔡子民先生说："宋之有朱晦庵，犹周之有孔子，皆吾族道德之集成者也。"

这种论断很为恰当。他的学问很渊博，现刻择其有关教育思想做密切的哲学部分，分为宇宙哲学、伦理哲学、教育哲学三项。这三项实包含哲学方面的本体论、价值论、认识论。

（甲）宇宙哲学 朱子之宇宙哲学，即是"理气二元论"。日本渡边秀方著《中国哲学史概论》认为朱子的宇宙哲学为"一元的二元论"。周予同著的朱熹则直认为"理气二元论"，我认为后说的理由较为正确。他的宇宙哲学，本之于小程子，再以理杂揉周子之太极图说，所以他说"太极只是天地万物之理，在天地言，则天地中有太极；在万物言，则万物中各有太极。未有天地之先，毕业是先有此理。有此理便有天地，若无此理，便无天地，无人物。有理便有气流行发育万物。"《朱子语录》。他阐发小程子之说，努力与理气性质上及作用上之正确分析。论理气之性质各别，"理也者形而上之道也，生物之本也，气也者形而下之气也，生物之具也，是以人物之生，必禀此理，然后有性，必禀此气，然后有形"。《语录答黄道夫书》。他论理气之作用各别，"气则能凝结造作，理却无情意，无计度，无造作"。《语录》。人物同禀一理，理无差别，气则有殊，此其"理一气殊"说之根本原理。他说："理虽无差别，面气有种种之别，有清爽者，有昏浊者，难以一一枚举。"《语录》。人因禀气有清浊，自然有贤愚的差别。但是，人物的差别又是何种原因呢？据他说是所禀的理气有多少偏正的不同，所以有人物的分别。理气既是二物，但不能分离独立。他说："理非别为一物而存，存于气之中而已。"《语录》。

（乙）伦理哲学 朱子的伦理哲学包含性论、心论、休养论三项。他论心性情欲，归于心论里，他的仁论，归于修养论里。

（一）性论　他的宇宙论本之小程子，他论性本之张子。他分性为天地之性与气质之性两种。天地之性即自然之性。生自"理"，理是善的，故天地之性亦是善的。气质之性生自"气"，气有清浊偏少，故气质之性有差别，如他说："有天地之性，有气质之性。天地之性则太极本然之妙，万殊之一本也；气质之性，则二气交运而生，一本而万殊者也。"《性理大全》。气质之性，既有区别，人能修养至完者，则可为圣人，所以他说："气质之性完全者，与阴阳合德，五性全备而中正，圣人是也。"《语录》。可见他论性实犯有二元论的缺点。

（二）心论　儒家学者从来对于心没有说明，至朱子始有明白的解释。朱子对心的解释，一方采用小程子"在人为性，主于身为心"之说，一方又采用张子"心统性质"之说。以心为性情之总名，性情为心之体用，所以他说："心统性情者也。由性之方面见之，心者寂然不动。由情之方面见之，感而遂通。"《语录》。又说："心之未动时，性也。心之已动时，情也。欲是由情发来者，而欲有善恶。"《语录》。又说："心为一身之主宰，具众理，应万事。心之体名性，心之用名情。"《语录》。可见他认识情为性之附属物，欲为情之附属物，心动为情，情生欲，故欲有善恶。其次，朱子论心亦是根据他的性论而来的，性受"理性二元论"之影响，因有天地之性与气质之性两种，而心又受性论之影响，亦不能不用二元的解释。他分心为二：发于理本然之性。者为道心，发于气气质之性。者为人心。凡生而为人，均有道心人心。道心本是绝对善，但为情欲所蔽，遂变成恶，所以心有善恶之分。这是朱子由论心而一直说到心、性、情、欲四者的关系。

（三）修养　朱子论修养意义至为深刻，范围亦较广博，归纳之，实不外修养的目标与方法两种。他论修养的目标为仁，根据于孔子之仁与大程子之《识仁篇》而更有深刻的认识。他主张仁不但是诸德之首，而且能包含诸德，即是说义、礼、智三德，包含于仁德中，故曰"故语心之德，虽其总摄贯通，无所不备，然一言以蔽之，则曰仁而已矣"。《仁说》。又说："仁之为道，乃天地生物之心，即物而在。情之未发，而此体已具；情之既发，而其用不穷。诚能体而存之，则众善之源，百行之本，莫不在是。"《仁说》。至于修养的方法可分为内外二面。内的方法为居敬，外的方法为穷理。前者属于情意的涵养，后者属于智识的请求。内外相合，融为一体，即以达到修养之至极。所谓居敬，即是沿袭小程子的"涵养须用敬，进德则在致知"的意思。居敬贵能专一，专一才能不被物欲所引诱。如何才能做到居敬呢？第一，是内省体察的工夫。第二，是外修静坐的工夫。他说："持敬当以静为主，须于不做工夫时频频体察，久则自熟。若觉言语多，便顺简默。意志疏阔，则加细密；轻浮浅易，便须深沉厚重。"《学的上》。至于穷理致知，是偏重于智识方面多，容在教育哲学内讨论。

（四）教育哲学 朱子的教育哲学，亦源出于他的宇宙哲学与伦理哲学。他对于教育哲学的发挥虽多，但约略可分为教育的目的论与教育的方法论两项来讨论：

第一，教育的目的。他论性已有气质与本然的两种：气质之性有区别，须用教育的功效以变化之；本然之性，无区别，须用教育的功效以发挥之。无论变化气质之性与发挥本然之性，唯一目的要在达到圣人之途。所以他说："凡人须以圣贤为己任。世人多以圣贤为高，而自视为卑，故不肯进。抑不知使圣贤本自高，而己别是一样，……然圣贤禀性与常人一同，既与常人一同，又安得不以圣人为己任。"《语录》。达到圣人之途，又须穷理尽性，故穷理尽性实为朱子论教育目的之尽处。

第二，教育的方法论。朱子的教育方法论包含有求学的方法与教学的方法两种。求学的方法，第一，须立志。他说："为学须先立志。志既立则学问可以次第著力。立志不定，终不济事。"《文集》。志能立须继之以精进的精神，所以第二是精进。他说："为学极要求把篙处着力。到工夫要断绝处又更增工夫，着力不放令倒，方是向进处。"《文集》。又说："圣贤千言万语，无非只说此事，须是策励此心，勇猛奋发，拔去心肝，与他去做。如两边擂起战鼓，莫问前头如何，只认卷将去，如此方做得工夫。若半上落下，半沉半浮，济得甚事。"《文集》。第三，是力行。有了学问，不能行，只是个空谈的理论家，最大处不过是个腐儒而已，所以朱子注重力行。他说："学之之博，未若知之之要；知之之要，未若行之之实。"《宋元学案·晦庵学案》。知与行的先后轻重又是如何的呢？他说："知行常相须，如目无足不行，足无目不见。论先后，知为先；论轻重，行为重。"《宋元学案·晦庵学案》。以上立志、精进、力行，可说是求学的三个动力，亦即是三道干的精神。学者如缺乏这三种精神，则用穷理涵养等方法而来的学问，都失去其意义与永久性。第四，是涵养。朱子论涵养的要项是：（一）须是截从一处做去；（二）须做培养工夫。须是主一上做工夫；（三）不免有散缓时，间断时，但才觉。便收敛将来便是"相继处"；（四）只要常自"提撕唤醒"，则不昏昧自不放纵；（五）惺惺乃心不昏昧之谓便是"敬"；（六）只收敛身心，整齐纯一，不放纵，便是"敬"；（七）敬如"畏"字相似；（八）心有邪僻，只是"敬心不纯"，只可责敬；（九）涵养与克己对，须是"工夫俱到"；（十）工夫"通有无""该动静""方无透漏"。《宋元学案·晦庵学案》。第五，是穷理致知。他说："穷理者欲知事物之所以然与其所当然者而已。知其所以然，故志不惑；知其所当然，故行不谬。"《宋元学案·晦庵学案》。总之，他论穷理致知的要项是：（一）只是持致应天下事不得；（二）《大学》首说格物致知；（三）不明道理只是硬行；（四）穷理欲知事物之所以然（理由）与其所当然（手段）；（五）就事上理会合做底是如何（what）又思量合做底因甚是凭地（How），又思量因甚道理合恁地（why）；（六）见得道理分明自住不得；（七）不言穷理，却言格物，理在物中；（八）读书是格物一事；（九）始读未知有疑，次则渐渐有疑，中则节节是疑，以至融会贯通都无所疑，方始是学；（十）已觉悟了别无所疑便是信；（十一）不可责效；（十二）须是静；（十三）学固不在读书，要之无事不要理会，无书不要读，以敬为本，然后心定理明。《宋元学案·晦庵学案》。

　　求学的方法既明，现在再论他的教学方法。朱子在《近思录》

十一卷，他选录周、张、二程四子之言，以论教学的方法。第一，当注重正蒙。"大学之法，以豫为先，人幼时当以格言至论，日陈于前使之盈耳充腹，安之若固。"第二，在提起兴趣。"教人未见意趣，必不乐学，且欲教之歌舞。"第三，先入以礼。"在先以礼教学者，使学者先有所据守。若语学者以所见未到之理，不惟所闻不深澈，反将理低看了。"第四，注重平均发展。"歌咏以养性情，声音以养其耳目，舞蹈以养其血脉。"第五，在适合学者心里。"教人至难，必尽人之材，乃不误人。观可及处然后告之。圣人之明，直若庖丁之解牛，皆知其隙，刃投余地，无全牛矣。"

其次，朱子尤注意于小学教育深得教育之精义，他说："古者初年入小学，只是教之以事，如礼、乐、射、御、书、数及孝、弟、忠、信之事。自十六七入大学，然后教之以理，如致知格物及所以为忠、信、孝、弟者。"《小学》。他又搜集《礼》《书》《传》《记》，别辑《小学》一书，以为童蒙讲学之方。他在《小学序》上说："古者小学教人以洒扫、应对、进退之节，亲爱、敬长、隆师、亲友之道，皆所以为修身、齐家、治国、平天下之本，而必使其讲而习之于幼稚之时，欲其习与知长，化与心成，而无扞格不胜之患。"

十三、朱子的门人

朱子的门人甚众，最著名的为蔡西山、黄勉斋、陈北溪三人。蔡西山对朱学所具独厚，所以他是朱子的得力承继者。他治家以孝、弟、忠、信，教人以性与天道，问者莫不兴起，黄勉斋实能得朱子的体用之学。他说："道之在天下，一体一用而已。"《勉斋文集·答叶味道书》。天命之性，为一本的体；率性之道，即万殊的用。率性之道，即小德川流；天命之性，即大德之敦化。大德之敦化，所以语大莫能载；语大莫能载，是万物统体一太极也。由太极而阴阳分，有阴阳而五行具，太极二五妙合而人物生，这是勉斋的一贯哲学。至于他对教育的主张：第一，注重于为——行。他说："承教持守之方，别恐一无他说，前辈及先师言乏详矣，亦只是不为与为之不力耳。"《文集·答胡伯量书》。第二，注重默认实体。他说："致知乃入道之方，而致知非易事，须要默认实体，方见端的。"《文集·答陈泰之书》。其次，说到陈北溪。他认识仁是天理生生之全体，无表里动静隐显精粗之问。孔子以后无识仁者，有之，亦失孔门向来传授心法的本旨。至朱子始以"心之德，爱之理"六字形容之，而仁之说始亲切矣。他对教育的主张：第一，注重致知力行，知行又须齐头并进，不可或先或后。第二，循序用功，便能下学上达。欲使下学上达。必须下学工夫到，乃可从事上达。第三，注重近思。近思学问才能精细踏实。

十四、陆子

陆子的学说完全是个唯心论者。他以"心即理"来解释宇宙的成立以及宇宙间所有的现象，并以心来作为政治道德之原则，入于认识社会的领域。

（甲）宇宙论 宇宙即是心，心即是理，所以宇宙、心、理实是三位一体。他以心来解释宇宙道："万物森然于方寸之间，满心而发，充塞宇宙，无非此理。"《象山语录》。又说："塞宇宙一理耳。上古圣人，先觉此理。故其王天下也，仰则观象于天，俯则观法于地，观鸟兽之文与地之宜，近取诸身，远取诸物，于是始作八卦，以通神明之德，以类万物之情。"《象山语录》。

（乙）教育的目的论 他论教育的目的在明理。他说："所理本天所以与我，非由外铄我。明得此理即是主宰。真能为主，则外物不能移，邪说不能惑。"《全集·与曾宅之书》。又说："塞宇宙一理耳，学者之所学，要明此理耳。"《全集·与赵咏道书》。

（丙）教育的方法论 陆子论教育的方法：第一，要立志。立志后始能识义利之别，能识义利之别，才能判君子小人的分辨。第二，有所立。他说："大凡为学，才能判君子小人的分辨。第二有所立。他说："大凡为学，须要有所立。《论语》有云：'己欲立而立人。'卓然有不为流俗所移，乃为有立。"《象山语录》。能有所立，才能尽为人之道。不然学只是学，为人之道，全不理解。第三，在思考。他说："义理之在人心，实天之所与而不可泯灭者也。彼其受蔽于物，而至于悖理达义，盖亦勿思焉耳。诚能反而思之，则是非取舍，盖有隐然而动，判然而明，决焉而无疑者矣。"《象山语录》。第四，在收拾精神。人的精神应收拾于内，以收拾作吾人内心之主宰。第五，在主静。他教人为学多静坐，以固本心，本心存，精神自能在内。

陆子对于格物致知的解释，亦以心为主。即是非外有所增加，均发明于吾内心，所以他说："学苟知本，则六经皆我注脚。"《象山语录》。于此，更可证明他是个十足的唯心论者了。

十五、朱、陆教育思想的异同

在朱、陆教育思想的论述中，我们自可看出他们学说的异同了。兹将他二人学说的异同点，分述于下：

第一，朱陆的思想均出于儒家，这是相同的地方。

第二，朱子思想近宗小程子与张子，远宗荀子，更近于北派。陆子思想近宗大程子与周子，远宗孟子，更近于南派，这是他二人学说所宗的不同。

第三，朱子研究学问，偏重采用科学方法，他的宇宙观，有许多地方是合于科学的，如"月本无光，受日而有光"《朱子全集》。"月无盈阙，人看得有盈阙"《朱子全集》。"天地初间，只是阴阳之气，这一个气运行，磨来磨去，磨得急了，便梣许多渣滓，里面无处出，便结成一个地在中央。"《朱子全集》。因此，朱子以学问为主，从末进，为繁琐。陆子采用玄学的方法，以心为主，来解释宇宙，并应用于伦理哲学、教育哲学上面，注重尊德性，在发觉自己的良知良能。因此，陆子以见心为主，从本下，为简易。这是朱、陆二人治学所用方法的不同。

第四，朱子注重归纳法，陆子注重演绎法。他二人在鹅湖会谈宋淳熙二年公元一一七五年。的时候，朱子的意思欲令人纵观博览，而后归于约。陆子的意思，先欲发明人的本心，而后使他博览。

第五，朱子教人主繁琐，穷理力行。陆子教人主简男，明心见理。

十六、吕东莱

吕东莱为浙东独立学派的代表，他与朱、陆同时并友善，但他却不受两派之拘束，而能折衷于两者之间，自成一说，与朱、陆成三而鼎立。他长于史学文章，著作以《左传》《博议》最有名。兹述其教育思想如下：

（甲）论性 他论性近于程、朱，即是主张性本善。性之所以有恶者，因私欲所蔽。所以他说："吾之性本与天地同其性，吾之体本与天地同其体。"《东莱选集》。

（乙）教育的目的论 他论性既如上述，则教育的目的当在变化气质，恢复本来之善性。

（丙）教育的方法论 他论教育的方法有三：第一，注重实践。他说："古人为学，十分之中，九分是动容周旋洒扫应对，一分在诵说。今之学者，全在诵说，入耳出口，了无涵蓄。"《东莱选集》。第二，注重实用之学。他说："教国子以三德三行立其根本，固是纲举自然。然又须教以国政，使之通达治礼。……故国政之是者，则教之以为法。或失，则教之以为戒。又教之以如何整救，如何措画。使之洞晓国家之本来原委，然后他日用之，皆良卿也。"《礼记说》。他既主张实用之学，所以批评当时科举教育之失当。他说："自科举之说兴，学者视国事如秦、越人之肥瘠，漠然不知，至有不识前辈姓名者。一旦委以天下之事，都是杜撰，岂知古人之所以教国子之意。"《礼记说》。其次，他主张礼、乐为教育最好的材料：因为，礼有矫拂的功用，乐有陶冶的功用，所以礼、乐是教育最好的工具。

第四节　白鹿洞书院所代表的教育思想

宋代学校除官立的国学、府学、县学而外，私人设立的书院异常发达，为宋时教育界的特殊状况。书院不但发达，而且他所代表的教育思想，尤能支配当时以及影响于后世。书院中又以白鹿洞成立最早，规模最大，他所具有的教育精神直影响于后世，所以我写完宋代各家的教育思想以后，要特别提出讨论。

一、白鹿洞书院的起源

书院这个名称，始于唐。初本是藏书修书的场所，至南唐、升元中于庐山白鹿洞购地建学馆，招集学生，自此，含有学校意义的书院才出现。继后又有嵩阳、岳麓、应天府等院产生，与白鹿洞并称为四大书院。除此四大书院以外，小书院更多，不胜枚举。参见《续文献通考》及《宋元学案》。

二、教育宗旨

白鹿洞书院的教育宗旨，为"希圣希贤"四字，即是要使学生养成圣人贤人，如洞主朱子说："为学须思趋凡入圣，如昨日为乡人，今日便要为圣人。"《文献通考·学校考》及《白鹿洞志》。巡抚宋荦诸生曰："肄业此地者，皆当希圣希贤，不仅为章句训诂之学而已。"《白鹿洞志》。这种教育目的至后亦未变，如后任洞主胡居仁立规训之跋，所言亦不外"希圣希贤"四字。除此而外，并注重实用之学，何乔重建院记上说："期得明睿之材，以作修明之治而已。"《白鹿洞志》。不过主要的还是在"希圣希贤"四字上用功夫，学以致用，不过是治学的途径而已。

三、训育方案

白鹿洞书院对学生最重严格训练。训练方案分智识、道德、生活三要项。各项又立有具体的方案，可说详备尽致，这亦是为宋代官学所不及的地方。兹分论于下：

（甲）智识训练的方案　朱子引《中庸》上说的求学方法，以示学生，他订的洞规是"博学之，审问之，慎思之，明辨之，笃行之。"《白鹿洞志·洞规》。以朱子的意思，致知在穷理，上述的程序，是穷理最好的方法。穷理的要义又分为二：一、即书以穷理，就是书本之学，接受既成的文化，如"以稽古穷经为征信"。二、即事以穷理，由学生自动省察事物之意，在实际生活中发现新智识，创立新文化，如"博学事理，以尽致知之方""随事以穷理"等是。

（乙）道德训练的方案　中国古代旧道德不外五伦，所以朱子立五伦为道德训练的方案。其学则是"父子有亲，君臣有义，夫妇有别，长幼有序，朋友有信"。《白鹿洞志·洞规》。"右五教之目，尧、舜使契为司徒，敬敷五教，即此是也。学者学此而已。"《白鹿洞志·洞规》。然则，如何达到五伦的目的呢？当从"学行"入手；因为，学以明五伦，行以实现五伦。如果只是知道五伦的道理，不能去实行，那是无实效的。为要求实效起见，所以特别注重于行。自朱子以至后来负责洞务的人，都能注意到行的重要，如蔡宗兖立洞规云："博学者，学此五伦也。审问者，审此五伦也。慎思者，思此五伦也。明辨者，辨此五伦也。"《白鹿洞志·洞规》。这是属于学五伦方面。至于行五伦，他又说："笃行者，行此五伦也。"《白鹿洞志·洞规》。

（丙）生活训练的方案　所谓生活实包含修身以至于处事接物；修身、处事、接物三者均各有纲目规定。

一、关于修身的纲目是："言忠信，行笃行。惩忿窒欲，迁善改过。"《白鹿洞志·洞规》。

二、关于处事的纲目是："正其义，不谋其利；明其道，不计其功。"《白鹿洞志·洞规》。

三、关于接物的纲目是:"己所不欲,勿施于人。行有不得,反求诸己。"《白鹿洞志·洞规》:

至于程、董学则,对于生活训练的纲目更规定详细,切合于今日中国盛行的新生活要义。"凡学于此,必严朔望之仪,谨晨昏之令;居处必恭,步立必正,视听必端,言语必谨,容貌必庄,衣冠必整,饮食必节,出入必省;读书必专一,写字必楷敬,几案必整齐,堂室必洁净,相呼必以齿,接见必有定,修业有余功,游艺以适性。使人壮以恕,而必专所听。"《白鹿洞志·洞规》。

这种规训一直到后来都没有变更。如胡居仁规训"克治力行,以尽成己之道"。"审察机微,以为应事之要。""推己及物,以广成物之成。"为主洞的胡居仁所规定。仍不离开修身、处事、接物三方面的训练。

四、他的历史价值

白鹿洞书院的历史价值,我认为有三点。三点中有两点是属于后来学术、文化、教育方面的,一点是关于当时的教育制度的。

第一,建筑学术文化的坚实基础。古时中国私家讲学,少有固定场所,自书院兴,私家讲学乃有系统组织的产生。当时的学者为要研究学术,群集于书院,于是学术文化乃有突飞的进步,日本稻叶君山说:"书院的设立,实为中国学术文化建筑的坚实的基础。盖从此真正的学问研究所,不在学校,而在书院。于是教育独立,渐成民众化,学术进步乃臻于可惊的突飞的进步的地步。"参见《东方文库》第三十二种《中国社会文化》。

第二,确立后世的教育宗旨。以往中国政府兴学、私家讲学,对于教育宗旨,都缺乏有系统的明白的规定,这是中国教育史上最普遍的缺点。书院成立以后,教育的宗旨,即目的。教育的方法,始有详细的规定。胡适之先生说:"白鹿洞在历史上占有一个特殊的地位,有两个原因:第一,因为,白鹿洞书院是最早一个书院。第二,因为,朱子建白鹿洞书院明定学规,遂成后此几百年讲学式的书院。"《胡适文存》。又说："朱子定的白鹿洞规，简要明白，遂成为后世七百年的教育宗旨。"《胡适文存》。

第三，反科举的精神。当时科举实已成为教育制度的铜墙铁壁，白鹿洞书院所代表的教育集团能够揭出反科举的旗帜，实是令我们最惊佩的事。朱子送《李伯练序》中有云："国家建立学校之官遍于郡国……然学不素明，法不素备，选用乎上者以科目词艺为足以得人。受任乎下者以规绳课试为足以尽职。盖在上者不知所以为人师之德，而在下者不知所以为人师之道。是以学校之官，虽遍天下，而游其间者，不过以追时好取世资为事，至于所谓修身、齐家、治国、平天下之道，则寐乎其未有闻也。"《朱子文集》。不特此也，该院的教师公然以攻击科举的词论编成讲义，向学生讲授，如陆象山讲义有云："科举取士久矣，名儒巨公，皆由此出。今为士者，固不能免此。然场屋之得失，顾其技与有司之好恶何如耳，非所以为君子与小人之辨也。而今世以此相尚，使汩没此，而不能自拔，则终日从事者，虽曰圣贤之书，而要其志之所向，则与圣贤背而驰者矣。推而下之，则又唯官资崇卑，禄廪厚薄是尚，岂能悉心力于国事民隐，以无负于任使哉！……秘书先生起废以新堂，其义笃矣。凡至斯堂者，必不殊志，愿诸君子勉之，以毋负其意。"《白鹿洞讲义》《宋元学案·象山学案》。关于书院及《白鹿洞》情况，还可参见《民铎杂志》七卷三号陈东原著的《庐山白鹿洞书院沿革考》《史地学报》三卷六期盛朗西著的《宋元书院讲学制》《哲学与教育》四卷一期张为铭著的《白鹿洞书院之教育》。

第五节　元朝理学的蕃播及其派别

自蒙古族侵宋以来，北方诸地悉为异域，当时宋理学在北方完全被环境所限制，杳无声息。加以元为笼络汉人计，施行特殊教育，对于理学的根基更践踏无遗，好在元太宗伐宋的时候，南方有位理学家，名赵复，字仁甫，人多称为江汉先生，他同姚枢、杨惟中等北行至燕，以所学教授学生，从者百余人。那时南北不通，经书绝灭，复又将他所记忆的程、朱所著的经传注，统写出来，流行于世，后来杨惟中建太极书院，立周子祠，以二程、张、杨、游、朱六君子配食，选取遗书八千余卷，敦请复在院讲授。自此以后，许鲁斋、郝陵川、刘静修诸儒始行。《黄百家来史案》："自石晋燕云十六册之割，北方之为异域也久矣。虽有宋诸儒叠出，声教不通，自赵江汉以南冠之囚，吾道入北，而姚枢、窦默、许衡、刘因之徒，得闻程、朱之学以广其博。"《宋元学案》。于此可见，北方文化之复兴，实赵江汉一人之功，而程、朱理学能北传，亦系他的力量，所以我们在未讨论元朝的教育思想以前，对于元朝理学的传播，不能不先为说明。

元朝理学既经赵江汉之传播，乃有许、刘、吴诸儒的出世，于是北方的理学才兴起来。其派别显然的有以许鲁斋、刘静修为代表的朱学派，有以陈静明、赵宝峰为代表的陆学派，有以吴草卢、郑师山为代表的朱、程调和派。草卢如何调和朱、陆的学问呢？他说："朱子于道学问之功居多，而陆子以尊德性为主。问学不本于德性，则其蔽必偏于语言训释之末，故学必以德性为本。"《宋元学案·草庐学案》。又说："朱、陆二师之教一也，而二家庸劣门人，各立标榜，互相诋訾。"《宋元学案·草庐精语》。吴、郑诸人调停朱、陆的话，大概如是。

第六节　各家的教育思想（元）

一、许鲁斋

许鲁斋，名衡，学出赵江汉，但他却能在理学所笼罩下的教育思想中另揭出一新的旗帜，确实令人可敬。新的旗帜是什么呢？就是他能注意到生产教育的重要。他说："为学者治生最为先务。苟生理不足，则于为学之道有所妨。彼旁求妄进，及作官嗜利者，殆亦窘于生理所致也。诸葛孔明身都将相，死之日，廪无余粟，库无余财，其廉所以能如此者，以成都桑土，子弟衣食自有余饶耳。治生者农工商贾而已，士常以务农为生。商贾虽为逐末，亦有可为者。果处之不失义理，或以姑济一时，亦无不可。若以教学与作官，规图生计，恐非古人之意也。"《许鲁斋遗书》。这段话是我国古时先哲提倡生产教育最有价值的理论。他不但从理论上提倡，而且能够身体力行，更是难能可贵。《元史本传》上说："家贫躬耕，粟熟则食，粟不熟则食糠核菜茹，处之泰然，讴诵之声闻户外。"他身受亡国的痛苦，深知当时知识分子鄙视劳动，不事生产的恶习，实为亡国之唯一原因，由自身感受而发出的议论，自然是最切当不过的。我亦希望现今的教育家以及主张生产教育的人，最好能到东北去走走，领受亡国的痛苦，所发出的议论，我想一定更有价值，更能切合实际些。许鲁斋主张士以治生为急务，亦可说是他的教育目的论。其次，谈到他的教育方法论。他论教育的方法，有两点最重要，分论于下：

第一，注重思考。他以为凡人耳所闻、目所见的四周的现象，都是智识的原料。这种原料现时的人称之为经验的智识；因为，那些现象我们之所以能了解是由经验得来，只知其然，若要知道所以然，那就非经过思考不可。古人求学，多重思考，思考当然即是现今所说的研究，试问研究能不思考吗？他说："所思虑者，果是求所当知，虽千思万虑可也，若人欲之萌，即当斩去。人心虚灵，无稿木死灰不思之理，要当精于可思虑处。"《许鲁斋遗书》。

第二，注重持敬。他说："凡事一省一察，不要逐物去了，虽在千万人中，常知有己，此持敬大略也。"《宋元学案鲁斋学案》。又说："日用间若不自加提策，则怠惰之心生焉。怠惰心生，不止于悠悠无所成，而放辟邪侈随之矣。"《宋元学案鲁斋学案》。

二、吴草庐

吴草庐论教育的方法有二：

第一，注重正心。他说："夫学，孰为要？孰为至？心是已。"《草庐精语》。又说："若曰'徒求之五经，而不反之吾心，是买椟而弃珠也'此则至论。……学者来此讲问，每先令其主一持敬以尊德性，然后令其读书穷理以道问学。有数条自警省之语，又拣择数件书以开学者格致之端，是盖欲先反之吾心，而后求之五经也。"《草庐精语》。

第二，注重究理实悟。即是在穷究道理而能得到切实的领悟。他说："读书有四法，必究竟其理，而有实悟，非徒诵习文句而已；必敦谨其行而有实践，非徒出入口耳而已。"《草庐精语》。

第七节　各家的教育思想（明）

一、吴康斋

吴康斋是个能刻苦奋斗的学者，黄宗羲说："先生之学，刻苦奋励，多从五更枕上汗流泪下得来。及夫得之而有以自乐，则又不知足之蹈之手之舞之。"《明儒学案·师说》。既是个刻苦奋励的学者，所以他在教育上亦有新的贡献。新贡献是什么呢？第一、是注重生产教育。第二、教育的方法注重敬静的修养。

第一，注重生产教育。康斋认为知识分子应注意于治生，不可游手好闲养成种"四体不勤，五谷不分"的恶习。《明儒学案》载：一日天初晓，他已手自簸谷，他的学生陈白沙尚未起床，康斋大呼曰："秀才若为懒惰，即他日何从到伊川门下，又何从到孟子门下。"而他自己确是能身体力行，努力于生产的。家居乡间，亲身耕种，雨中戴蓑笠，负耒耜，与诸学生共同耕种。归家则解犁饭粝，疏豆共食。这种共同生产、共同享受的精神，值得我们十分敬佩！康斋的意志亦十分坚强，有一日刈禾，镰伤手指，他负痛说："何可为物所胜。"说罢，仍刈禾如初。

第二，注重敬静的修养。康斋继承程、朱之学，对于敬静的修养工夫，发挥至详。他说："圣人所言，无非是存天理去人欲，身体力验，只是走趋语默之间，出入作息，刻刻不忘，久之自成片段，所谓敬义夹持诚明而进者也。"《康斋语》。诚明而进，就能做到敬的工夫。他自己是最能体察静养的真义的，他读书的情况大概是"食后坐东窗，四体舒泰，神气清朗，读书愈有进益"。《康斋语》。"月下咏诗，独步绿阴，时倚修竹，好风徐来，人境寂然，心甚平澹。"《康斋语》。

二、胡敬斋

胡敬斋，名居仁，受业于吴康斋之门。其哲学理论建立于儒家的宇宙观与伦理上面。他说儒家解释气是变化的，理是不变的。气为什么是变化的呢？例如时运循环，增减不息，以及日月盈虚，春去夏来，秋去冬来等是。理为什么是不变的呢？例如人不能转变成物，物不能转变成人，草不能变为木，木不能变为草，万古都如是。在人亦然，这是他由宇宙观说到伦理方面。人为什么亦然呢？必是心变动的，喜怒哀乐一发一息，循环不已。性是不变的，如恻隐、羞恶、辞让、是非以及乱之反复等是。儒家之道，即是在至变之中，以得其不变者，而后心与理合为一。教育的目的，就是要使人心与理合一。心理合一，即可与天地万物同流而合为一，亦就是达到作圣的境地了。但是，如何才能心理合一呢？这就要从他的教育方法中去讨论。他论教育的方法，第一，注重敬静。第二，注重于穷理。他说："程、朱开圣学门庭，只主敬穷理，便教学者有入处。"《敬斋居业录》。敬斋解释敬的意义，较吴康斋为详。他说："端庄整肃，严威俨恪，是敬之入头处。提撕唤醒，是敬之接续处。主一无适，湛然纯一，是敬之无间断处。惺惺不昧，精明不乱，是敬之效验处。"《敬斋居业录》。敬究竟有何功效呢？他以为敬有存养之效，未知之前，存养此心，方能致知。致知以后，又要存养此心，方能不失，所以他说："致知之功有时，存养之功不息。"《敬斋居业录》。至于如何做到敬的功夫呢？首要心精明，要精神又须专一：因为，不专一则心必昏乱了。其次，遇事要泰然处之，不计利害，否则，心必不静。再次，他指明动与静并不矛盾。一般人以为动不能静，静不能动。敬斋力辟此说，他以为静只是以思虑未萌，事物未至而言，最要紧的是专一，若能专一，自无杂虑。有事亦可专一，无亦可专一。此敬之所以贯乎动静，为采存之要法。这点是他对敬最大的发明。

敬斋论穷理亦有特殊的贡献。他以为穷理的范围至广，决非只从书本上去寻找，可以穷尽的，所以说穷理非一端，所得亦非一处。读书时得的理多，讲论时得的理速，思虑时得理深，行事时得的实，读书、讲演、思虑、行事各方面均可得之，而且所收获的各有不同。这亦可说是他对穷理最大的发明。

三、陈白沙

陈白沙少时从学于吴康斋，他的教育思想仍以静为本。兹分述于下：

（一）**教育的目的论**　他论教育的目的在学圣贤，并且要真实去学，不可只存希慕之心，所以他说："人要学圣贤，毕竟要去学他。若道只是个希慕之心，却恐末稍未易凑泊，卒至废驰。"《与贺克恭论学书》。

（二）**教育的方法论**　他的教学哲学既以静为本，对于方法当然亦重静的修养。白沙自述其读书经过说："比归白沙，杜门不出，专求所以用力之方，既无师友指引，日靠书册寻之，忘寐忘食，如是者累年，而卒未有得。所谓未得，谓吾此心与此理未有凑泊吻合处也。于是舍彼之繁，求吾之约，惟在静坐。久之，然后见吾此心之体，隐然呈露，常若有物，日用间种种应酬，随吾所欲，如马之御衔勒也；体认物理，稽诸圣训，各有头绪来历，如水之有源委也。于是涣然自信曰：作圣之功，其在兹乎。"《明儒学案·白沙学案》。从此我们知道白沙为学，是从敬静反约入手的。他说："为学须从静坐中养出个端倪来，方可商量处。"《与贺克苏论学书》。又说："善学者主于静以观动之所本；察于用以观体之所存。"《与贺克苏论学书》。其次，在于重礼节。他认为为人既应学圣贤，圣贤所贵者莫过于礼节，所以后学者应该遵守礼节而不弃。他说："弃礼从俗，坏名教事，贤者不为。愿更推广此心于一切事，不令放倒，名节道之藩篱，藩篱不守，其中未有独存者也。"《与崔揖论学书》。再次，在贵乎知疑。他说："前辈为学贵知疑，小疑则小进，大疑则大进。疑者，觉悟之机也。一番觉悟，一番长进，更无别法也。即此便是科级，学者须循次而进，渐到至处耳。"《与何时矩论学书》。又说："疑而后问，问而后知，知之真则信矣。故疑者进道之萌芽也，信则有诸己矣。"《白沙语录》。

四、薛敬轩

薛敬轩继承程、朱之学而阐发之，他以复性明理为教育之本，对于朱子的"理气二元论"解释尤详。

（甲）宇宙论　他的宇宙论根据于朱子的"理气二元论"而来，对于理气的关系解释至详。他说："理气无先后，无无气之理，亦无无理之气。"《敬轩读书录》。又说："气有聚散，理无聚散，以日光飞鸟喻之，理如日光，气如飞鸟，理乘气机而动，如日光载鸟背而飞，鸟飞而日光虽不离其背，实未尝与之俱往而有间断之处。亦犹气动而理虽未尝与之暂离，实未尝与之俱尽而有减息之时。"《敬轩读书录》。

（乙）教育的目的论　敬轩论教育的目的在使人去人欲而恢复天理。他说："人心一息之顷，不在天理、便在人欲。未有不在天理、人欲而中立者也。"《敬轩读书录》。于此可见，人一息之顷，不在天理，便在人欲，两者没有中立的地方。读书的人言行均应合于天理，能合于天理的，则心清如镜，光明鉴人，所以他说："为学之要，莫切于动静；动静合宜者，便是天理，不合宜者，便是人欲。"《敬轩读书录》。

（丙）教育的方法论　他论教育的方法多而繁杂，归纳之不外数要点：（一）在克己。他说："诚不能动人，当责诸己，己不能感人，皆诚之未至。"《敬轩读书录》。又说："二十年治一怒字，尚未消磨的尽，以是知克己最难。"《敬轩读书录》。（二）在能尽去旧习。能去旧习，即能发现新知。他说："须是尽去旧习，从新做起。张子曰：'濯去旧见以来新意。'余在辰州府，五更忽念己德所以不大进者，正为旧习缠绕，未能掉脱。故为善而善未纯，去恶而恶未尽。自今当一刮旧习，一言一行，求合于道，否则匪人矣。"《敬轩读书录》。（三）在持敬穷理。持敬能反吾约，穷理则理自明，故持敬与穷理两者不可缺一，所以他说："才收敛身心，便是居敬。才寻思义理，便是穷理，二者交资而不可缺一也。"《敬轩读书录》。又说："居敬者有力，则穷理愈精，穷理有得，则居敬愈固。"《敬轩读书录》。（四）贵乎诚实。他说："为学不实，无可据之地。人与实之一字，当念念不忘，随事随处，省察于言动、居处、应事、接物之间。必使一念一事，皆出于实，斯有进德之地。"《敬轩读书录》。

五、王阳明

王阳明继承宋儒陆象山之后而为明代有名的唯心论的学者。"心即理"说就是他的哲学基础。所谓"致良知"说，"知行合一"说，都是从"心即理"这个基础中演绎而来的。我认为"心即理"是他的学问的纲，"致良知"与"知行合一"是他的学问的两目。至于他的教育思想亦是建立于他的唯心哲学的基点上，所以必先说明其哲学理论，然后才能理解他的教育思想。

（甲）心即理说　王氏心即理说，实出发于怀疑朱、程所讲的"格物致知"的道理，主张由我性自足，当然是心的自发。因为心的自发即可以穷宇宙万物之理，这是他唯心哲学建立的出发处。朱子主"即物穷理"，王氏主"即心穷理"，此即朱、王二人学说根本相异之处，亦即是唯心论者显明的立场。《答顾东桥书》说："夫物理不外于吾心，外吾心而求物理，无物理矣。遗物理以求吾心，吾心又何物耶？心之体，性也，性即理也。故有孝亲之心，即有孝之理，无孝亲之心，即无孝之理矣；有忠君之心，即有忠之理，无忠君之心，即无忠之理矣，理岂不外于吾心耶？"《阳明全书》卷二《传习录中》。又《答罗整庵》书说："理一而已，以其理之凝聚而言，则谓之性；以其凝聚之主宰而言，则谓之心；以其主宰之发动而言，则谓之格。就知而言谓之致，就意而言谓之诚，就心而言谓之正。正者，正此也。诚者，诚此也。致者，致此也。格者，格此也。皆所谓穷理以尽性也。"《阳明全书》卷二《传习录中》。这两段是他说明"心即理"的话，并由心到致知穷理连成一个体系。总之，他以为宇宙间一切事物的理以及一切现象的活动，皆以心为主宰，所以他又说："心者天地万物之主也，言心则天地万物皆举之矣。"《传习录》。

（乙）**致良知说**　良知之说并不是阳明独创，孟子已经创造过，不过阳明能将孟子的良能包括在良知以内而成为一个完体的东西。他如何解释良知呢？他说："知善知恶是良知。"《传习录下》。"良知是一个天理自然明觉发见处，只是一个真诚恻怛，便是他本体。"《传习录下》。他不但承认良知为人类遍有的先天秉赋，而且以良知来成立他的伦理哲学，如他说："良知原是完完全全的，是的还他是，非的还他非，是非只依着他，更无有不是处，这良知还是个明师。"《传习录下》。又以良知成立他的宇宙哲学，即是以良知为宇宙的本体，如他说："良知是造化的精灵，生天生地，成鬼成帝，皆从此出。"《传习录下》。至于他论致良知的方法，唯一奥妙之处，在静与动。静即是静坐，动即是事上磨练。总之，静与动都是在求去人欲而存天理。

（丙）**知行合一说**　我们从宋理学家的教育思想中，显明的知道朱子主张先知后行，陈北溪主张知行并进，王阳明则从他唯心的一元论而主张"知行合一"。人问"知行合一"说，他答道："此须识我立言宗旨。今之学问，只因知、行分作两件，故有一念发动，虽是不善，然却未曾行，便不去禁止。我今说个'知行合一'，正要人晓得一念发动处，便是即是行了。"《传习录上》。他又为求理于外心，知与行必分为二，求理与吾心，知与行便合一，所以他说："外心必求理，此知之所以为二也；求理与吾心，此圣门知行合一之教。"《传习录中》《答顾东桥书》。

（丁）教育的原则论 他的教育哲学亦出发于唯心论，所以他常以"心即理"的原理来解释《中庸》所说的首三句。他说："'天命之谓性'，命即是性'率性之谓道'，性即是道。'修道之谓教'，道即是教。"《传习录下》。将这三句演化出来，即成——命 ══ 性，性 ══ 道，道 ══ 教，若再加以演化即成——命 ══ 性 ══ 道 ══ 教，这样岂不是成为一个很完整的公式了吗？他又解释"道"说："道即是良知。"《传习录下》。道为什么就是良知呢？因为，良知是人类行为的标准，又是人们是非的一个明师，道亦是判别是非善恶的，所以道即是良知。那么"良知"即是他的教育原理，这个说法，当然是能成立的。

（戊）教育的目的论 他论教育的目的在养成一种安分守己，勤业务正的善人，善人能修养到尽处，即可成为圣人。可见他论教育最终目的，还是在成圣人。《阳明全集》中，关于圣人的话很多。如《答顾东桥书》中，对于安分勤业这点意思，详细说明。他说："学校之中，惟以成德为事，而才能之异，或有长于礼、乐，长于政教、长于水土播植者，则就其成德，而因使益精其能于学校之中。迨夫举德而任，则使之终身居其职而不易。用之者惟知同心一德，以共安天下之民，视才之称否，而不以崇卑为轻重，劳逸为美恶。效用者亦惟知同心一德，以共安天下之民，苟当其能，则终身处于烦剧而不以为劳，安于卑琐而不以为贱。当是之时，天下之人熙熙皞皞，皆相视如一家之亲。其才质之下者，则安其农、工、商、贾之分，各勤其业以相生相养，而无有乎希高慕外之心。其才能之异，若皋、夔、稷、契者，则出而各效其能。若一家之务，或营其衣食，或通其有无，或备其器用，集谋并力，以求遂其仰事俯育之愿，惟恐当其事者之惑怠而重己之累也。"《传习录中》。

（己）教育的方法论 阳明论教育的方法论，重要的有四：第一，重立志。他说："夫志，气之帅也，人之命也，木之根也，水之源也。源不濬则流息，根不植则木枯，命不续则人死，志不立则气昏。是以君子之学，无时无处而不以立志为事。"《全书》卷七《示弟立志说》。于此可见他认识立志是如何的重要。然则，立志以何为标准呢？他以为应该立必圣人之志。所谓志于圣人者，即是去人欲而存天理，所以他说："夫学莫先于立志，志不立，犹不种其根而徒培壅灌溉，劳苦无成矣。……故程子曰：'有求为圣人之志，然后可与共学。'人苟诚有求为圣人之志，则必思圣人之所以为圣人者安在？非以其心之纯乎天理而无人欲之私欤？圣人之所以为圣人，惟其心之纯乎天理而无人欲，则我之欲为圣人，亦惟在于此心之纯乎天理而无人欲耳。欲此心之纯乎天理而无人欲，则必去人欲而存天理。务去人欲而存天理，则必求所以去人欲而存天理之方；求所以去人欲而存天理之方，则必正诸先觉，考诸古训。"《全书》卷七《示弟立志说》。所谓"正诸先觉"者，即是求良师之指导；因为，良师是先觉者，所以必求他指正。所谓"考诸古训"者，即是广求古籍以考证先圣人的遗训中关于去人欲而存天理的方法。第二，格物。以前的学者论格物，大多本于即物穷理之意，到阳明手中，他纯以唯心论的立场，来解释格物。他如何的解释呢？即是他说的理无内外，性无内外，学亦无内外，理、性、学均以内心为主，应于内心中求之，格物亦然，所以他说："而格物者，其所以用力日可见之地。故格物者，格其心之物也，格其意之物也，格其知之物也；正心者，正其物之心也；诚意者，诚其物之意也；致知者，致其物之知也。此岂有内外彼此之分哉。"《传习录》。他既认格物是格心之物，则必须诚意格物。常人之病即是不能诚意格物，因而不能发现善恶的良知，不能知行合一。他又说："于其良知所知之善者，即其意之所在之物，而实为之，无有乎不尽；于其良知所知之恶者，即其意之所在之物而实去之，无有乎不尽；然后物无不格，而吾良知之所知者，无有亏缺障蔽，而得以极其至矣。"《传习录上》。第三，戒慎恐惧。所谓戒慎恐惧者，即是君子之所谓敬畏，乃《中庸》上的"戒慎不睹，恐惧不闻"的意思，阳明以戒慎恐惧既可防人欲于未萌之先，又可克人欲于方萌之际，实防人欲存天理固其本体唯一的妙法，所以他说："君子之戒慎恐惧，惟恐其昭明灵觉者，或有所昏昧放逸，流于非僻邪妄，而失其本体之正耳。"《传习录中》。第四，由近及远，推己及人。致良知之功即在去人欲而存天理，但亦有其步骤。所谓步骤者何？即是由近及远，推己及人的意思。

（庚）结论　阳明以"心即理"的唯心一元论为其哲学基础，演绎出"致良知""知行合一"的学说。其"四句教"实可以总结他学说的全部意义。什么是"四句教"呢？即是"无善恶是心之体；有善有恶，是意之体。知善知恶，是良知；为善去恶，是格物。"《传习录·天泉证道记》。明嘉靖六年（一五二七）阳明出征时，其门人钱德洪、王汝中二人夜坐于天泉桥上论学所记。至于他的教育思想以良知为教育的原则。以养成安分守己，勤业务正，达到圣人，为教育的目的。以立志、诚心格物、戒慎恐惧、由近及远、推己及人为教育的方法。最末我还要知道他不满朱学之支离破碎，而攻击当时崇尚朱学的人说："记诵之广，适以长其敖也；知识之多，适以行其恶也；闻见之博，适以肆其辩也；辞章之富，适以饰其伪也。"《传习录中·答顾东桥书》。其次，他反对生产教育而攻击许鲁斋的"士必治生"之说，如"许鲁斋谓：儒者以治生为先之说亦误人"。《传习录》。阳明之反对生产教育，是他教育思想上最大的缺点，亦可说是唯心论者的通病。兹为明了王学的体系起见，后将其全部思想列表于下页。

六、湛甘泉

甘泉，字元明，从学于白沙，与王阳明分主教事。阳明宗旨在致良知，他的宗旨在随处体认天理。后来学者，遂以此各立门户。但稍加注意，我们即可发现王、湛二人的学说相同处：因为，天理即良知也，体认即是致的意思，不过在论格物上，二人的意见稍有出入而已。甘泉的教育思想有几点值得我们研究。

第一，主张涵养进学合一。他说："涵养须用敬，进学在致知，如车两轮，同一车也。行则俱行，岂容有二；而谓二者，非知程学者也。"甘泉《答方西樵论学书》。

"心即理"的一元论

求理于吾心知行
必合一；求理于
外心知行必分
为二。

知行合一　　　　　致良知　→　善知是恶知

(一)良知包含有知、情、意三作用。
(二)是人类遍有的先天秉赋。
(三)以良知建立伦理哲学。
(四)以良知建立宇宙哲学。

致良知，即由"道即是教"
的道理演绎出来的。

教育原理

养成安分守己，勤业务正，
以达于圣人。

教育目的

(一)重立志，去人欲，存天理，立
圣人之志。
(二)格物，格心之物，故必须诚意
格物。
(三)戒愤恐惧。
(四)由近及远，推己及人。

教育的方法

注重心的修养，陷于唯心论的教育思想

(一)反对朱学
(二)反对生产教育

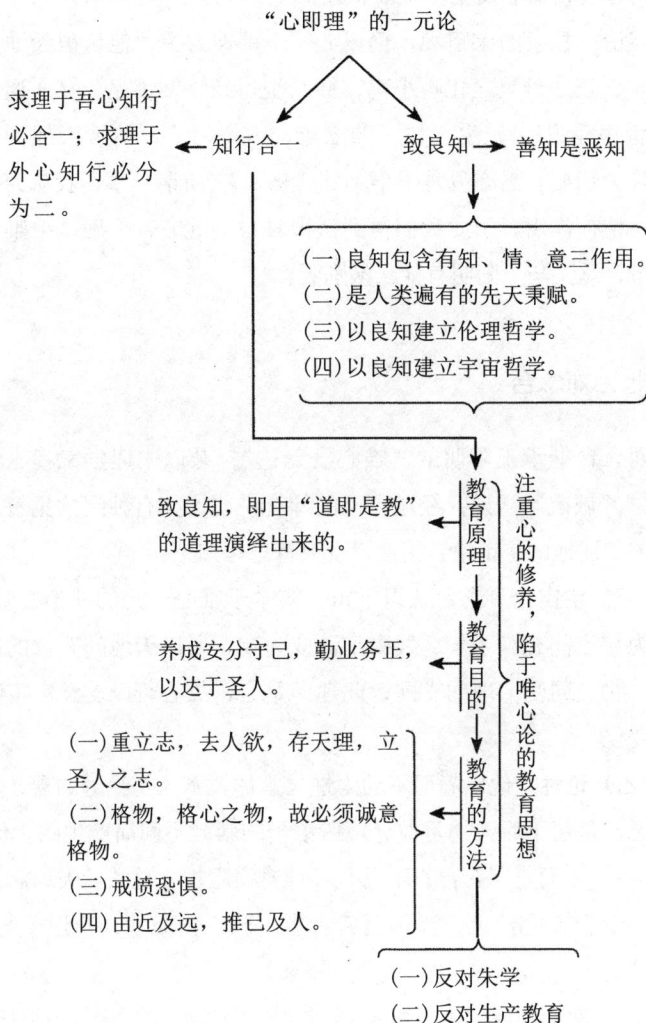

　　第二，注重立志知本。他说："夫学以立志为先，以知为本为要，
不知本而能立志者，未之有也。立志而不知本者有之矣，非真志也，
立志而知本焉，其于圣学思过半矣。"《答郑起范书》。

　　第三，以心为主。即是专一于心，以心为主的意思。他说："心
存则有主，有主则物不入，不入则血气矜忿窒碍之有病，皆不为之

害矣。大抵至紧要处，在执事敬一句。若能于此得力，如树根着土，则风雪雷霆，莫非发生。"《语录》。

结论：甘泉的宇宙观，仍以心——精神为主，他认识天地间万事万化，正如母鸡之化孵小鸡，原因是得到精神用足。又道通论他的教育思想说："先生之教，惟立志，煎销习心，体认天理，三言者，最为切要。然亦只是一事耳。"《语录》。所谓一事，我认为指是心——精神作用。于此我们得到认识甘泉的地方，他确是个唯心论的学者，这又与王阳明有什么区别呢？

七、刘念台

刘念台继承王阳明的"唯心一元论"，杂以宋理学家程、朱的"慎独""诚敬"学说，经过自己的综合说明，亦有独到的见解。兹简略的叙述他的宇宙论、论性以及教育思想如下：

（甲）**宇宙论**　念台认识宇宙，实本于唯心一元的理论去解释。他认为宇宙间充满了气，气凝结而成为物，所以天地间万物的凝合等于一物，同受一理的支配；此理即是心，故心可以支配宇宙间万物之变化。

（乙）**论性**　他以静而不动为性之本体，本体是绝对的善，其所以有恶，是由于后天的习惯环境所给予的刺激不同而产生的。他说："性无不善，而习则有善有不善，种种对待之相，总从后天而起。盖人生而静，天之性也，浑然至善者也。感于物而动，乃迁于习焉。习与善则善，习与恶则恶。"《念台语录》。

（丙）**教育的目的论**　性的本体是善，有恶是由后天的习惯所致，故教育的目的，即在复此知善知恶的性，如他说："复以自知。"知善则可以为善无不尽，知恶则可以去恶务尽，结果是达到浑然至善的境地。

（丁）**教育的方法论**　教育既以复性为其目的，但是用何种方法可以达到其目的呢？他以为：第一，在慎习。慎习即是起居动静，都要养成良善的习惯。第二，在能辨别诚伪。他说："为学莫先于辨诚伪，苟不于诚上立足，千修万修，只做得禽兽路上人。"《念语》。
第三，注重集义。他说："学者养心之法，必先养气；养气之功，莫
如集义。自今已往，只事事求慊于心。凡闲勾当闲话说，概与截断，
归并一路。游思杂念，何处可容。"《念语》。

第八节　宋元明的儿童教育

宋、元、明时代的儿童教育，在中国教育史的整个领域中，占
有最重要的地位。老实说教育的精义，亦只有儿童教育才能具代表
的任务。先将宋、元、明的儿童教育姑且分成理论、实况、教材三
方面，论述于下：

一、儿童教育的理论

宋代教育家重视儿童教育的首推朱子，他理想的学制，是小学
大学两级制；小学当然指的是儿童教育了，等于现今的幼稚园至小
学的阶段。他以为小学的教育目标，应注重于日常生活，伦常道德
之学习。他说"古者初年入小学，只是教之以事。如礼、乐、射、
御、书、数及孝、弟、忠、信之事"朱子著《小学》。"小学者，学其
事。"朱子著《小学》。"小学是事，如事君、事父、事兄、处友等事。
只是教他依此规矩做去。"朱子著《小学》。"古者小学已自养得小儿
子这里定，已是圣贤瑰璞了，但未有圣贤许多知见。"朱子著《小
学》。"古人小学养得小儿子诚敬善端发现了，然而大学等事，小儿
子不会推将去，所以又入大学教之。"朱子著《小学》。从上述的许
多话中，可以知道朱子论儿童教育只宜于教以事之然，即是教以现
实的事物，使儿童能够从而模仿之。至于要知道所教的事之所以然，
即属于说理的部分，那是大学的事，非儿童时代所适宜的。

朱子编的《小学》一书，是他论儿童教育最精粹的著作。是书

凡内篇四：为立教、明伦、敬身、稽古；外二篇：为嘉言、善行。他在《小学》序上说："古者小学教人以洒扫、应对、进退之节，爱亲敬长、隆师、亲友之道，皆所以为修身、齐家、治国、平天下之本，而必使其讲而习之于幼稚之时，欲其习与知长，化与心成，而无扞格不胜之患。"

王阳明对于儿童教育的理论发挥至为详尽，他于《传习录》中著有《训蒙大意示教读刘伯颂等》一篇，最能代表他的儿童教育理论。他说："今教童子，惟当以孝、弟、忠、信、礼、义、廉、耻为专务。其栽培涵养之方，则宜诱之歌诗以发其志意，道之习礼以肃其威仪，讽之读书以开其知觉。今人往往以歌诗习礼为不切时务，此习末俗庸鄙之见，乌足以知古人立教之意哉。大抵童子之情，乐嬉游而惮拘检，如草木之始萌芽，舒畅之则条达，摧挠之则衰萎。今教童子必使其趋向鼓舞，中心喜悦。则其进自不能已。譬之时雨春风，沾被草木，莫不萌动发越，自然日长月化；若冰霜剥落，则生意萧索，日就枯槁矣。故凡诱之歌诗者，非但发其志意而已，亦所以洩其跳号呼啸于咏歌，宣其幽抑结滞于音节也；导之习礼者，非但肃其威仪而已，亦所以周旋揖让而动荡其血脉，拜起屈伸而固束其筋骸也；讽之读书者，非但开其知觉而已，亦所以沈潜反复而存其心，抑扬讽诵以宣其志也。凡此皆所以顺导其志意，调理其性情，潜消其鄙吝，默化其粗顽，日使之见于礼义而不苦其难，入于中和而不知其故，是盖先王立教之微意也。若近世之训蒙稚者，日惟督以句读课仿，责其检束而不知导之以礼，求其聪明而不知养之以善，鞭挞绳缚，若待拘囚。彼视学舍如囹狱，而不肯入，视师长如寇仇，而不欲见，规避掩覆以遂其嬉游，设诈饰诡以肆其顽鄙，偷薄庸劣，日趋下流，是盖趋之于恶，而求其为善也，何可得乎！凡吾所以教，其意实在于此，恐时俗不察，视以为迂，且吾亦将去，故特叮咛以告。尔诸教读其务体吾意，永以为训，毋辄因时俗之言，改废其绳墨，庶成'蒙以养正'之功矣。念之，念之！"

我们再分析阳明这篇著作，可得儿童教育的方案如下：

（甲）儿童教育的目的是："蒙以养正。"

（乙）儿童教育的原则是："孝、弟、忠、信、礼、义、廉、耻。"

（丙）儿童教育的教材是："诱之歌诗，以发其志意；导之习礼，以肃其威仪；讽之读书，以开其知觉。"

（丁）教学法上的注意点是：第一，注意了解儿童的心理性情，使其自然发展，而达到"趋向鼓舞，中心喜悦"的境地。第二，注意儿童的心性的陶冶。第三，注意儿童身体发育的健全，平时"以周旋揖让而动其血脉，拜起屈伸而固束其筋骸"。第四，注意儿童心志的潜化，日使之渐于礼义而不觉其苦难，自然而然的养成健全的人格。

总之，王阳明是最能理解儿童心理的，所以对于儿童教育的理论故得之亦深。其在中国教育史上实放一异彩，他的功绩当然是不能磨灭的。

二、儿童教育的状况

儿童教育的实况，史书中略有记载，如邵伯汤云："潞州长子县西寺中，有王文康公祠。老僧言：文康公之父，以教授村童为业。"邵著《见闻录》。"孙文懿公，少时家贫，尝聚徒荣州贫甚，得束修之物持归，为一村镇将悉税之。"邵著《见闻录》。又如赵璘《因话录》说："窦相易直，幼时名秘，家贫就业私学。"北宋叶梦得《避暑录话》，记其幼时就学于乐道情形至详。他说："乐君，达州人，生巴、峡间，不甚与中州人士相接。状极质野，而博学纯至。先君少师特重爱之，故遣吾听读。今吾尚略能记六经，皆乐君口授也。家贫甚，不自经理，有一妻二儿一跛婢。聚徒城西，草庐三间，以其二处诸生，而妻子居其一。乐君坦率，多嬉笑，未尝见其怒。……每日起，分授群儿经，口诵数遍不倦。少间，必曳履慢声抑扬吟讽不绝，蹑其后听之，则延笃之书也。群儿或窃笑勒侮之，亦不怒。"

明儒吴康斋"居乡躬耕食力，弟子从游者甚众。雨中披蓑笠，负耒耜，与诸生并耕。归则解犁饭糁蔬豆共食"。《明儒学案·康斋学案》。这不是私学的逼真情况吗？总之，宋、元、明时的私学极多，证明儿童教育很是发达的。

三、儿童教育的教材

儿童教育的理论既建立于由洒扫、应对、进退、亲爱、敬长、隆师、亲友之道直到懂得礼、义、廉、耻这一基点上，则其教材，亦必以上述的理论为标准。当时所用的教材，最能代表这种教育理论的，首推《三字经》。

《三字经》相传为宋末王应麟仿《三字训》而作的。应麟学问渊博，所作的《三字经》，精彩的地方很多，最要者为"要而赅"。清人夏之翰说："吾就塾时读三言之文，不知谁氏作。迨年十七，始知其作自先生。因取文熟复焉，而叹七要赅也。"这几句话，一方证明《三字经》为王应麟所作，一方说明是书内容好在"要而赅"。《教与学》一卷五期陈东原著的《我国宋、元两代之小学状况及其教材》。《三字经》的内容究竟如何呢？全书共三百五十六句，分为五段：第一段，言教育之要。包含人性与教育的关系。教育贵一专，并以孟母、窦燕山为例。第二段，言儿童教育程序。包含应学礼仪、孝弟及于见闻，自然与社会常识等，尤重于伦常道德。第三段，言读书次第。包含为学应详训诂明句读，自小学四书、五经起，然后及于诸子、十七史等。第四段，言勤学之要。包含贫苦求学，老年勤学，幼年立志的重要，并举古先圣贤勤学以为例。第五段，结论。包含为学目的在致君择名，扬名声，显父母，劝人勤学，以总结全书。

是书主要点在使儿童于日常生活中训练其知礼节道义，最后引起读书的兴趣。日常生活中，如早晨问父母的安，为父母捧洗脸水等事都载上，可见其细微要赅了。后世论者《教与学》一卷五期陈东原著的《我国宋、元两代之小学状况及其教材》。都以是书编制得宜，立论甚是，为七百年来，私学蒙童必读之书，这样评论是非常适当的。其余还有《千字文》，为梁武帝时周兴撰作。《百家姓》成在宋初，著作人不详。

第九节 宋元明教育思想的要点

第一，宋、元、明理学家无论其为"理气二元论"或是"唯气一元论"，都能自成一种有系统的宇宙哲学，对于天地间万物的变化亦能为一贯的说明。

第二，宋、元、明理学家都以宇宙哲学说到伦理哲学，再由伦理哲学演绎出教育哲学，无论是程、朱派，陆王派，朱、陆调和派，均以此种方式树立自己学说的体系。

第三，论教育的目的，大家主张变化气质，养成"心如明镜"的善人，其最终目的在达到圣贤的境地。

第四，论教育的方法，大家主张采用《大学》的"致知穷理""正心诚意"，《中庸》的"中和""诚明""慎独"以主一，敬静为其手段。

第五，在宋、元、明时代"知行"学说大盛，诸儒对于知与行的关系都有不同的说明；朱子主张"先知后行"，陈北溪主张"知行并进"，王阳明从唯心的立场主张"知行合一"。但大家都有一共同点，即是注重身体力行。因之，力行哲学在理学家中实是最新的卓见。

第六，在传统教育思想的严重支配之下，亦能开放出许多新奇的思想，如宋诸儒反对科举教育的精神，元、明诸儒提倡生产教育，痛诋当时的知识分子不治生产的错误，实是种匡时之论。

第七，儿童教育亦颇发达，朱子、王阳明同是儿童教育理论的有力建立者。二人的意见，都认为儿童教育应注重于现实事物的知晓与模仿。在教学法上，注重顺应儿童的心性，使其自然发展，丝毫不加以拘束与规限，以达到"蒙以养正"的目的。于教材，以《三字经》为儿童唯一的读物；因为，《三字经》是最能适合当时儿童教育的理论的。

第十节　理学家教育思想的批评

理学家教育思想有好的影响，亦有坏的影响。好的影响是什么？

第一，理学家的思想都出源于儒家，其对于孔、孟所主张的人文主义教育思想，多有进步的具体的新议论，如王安石的人格感化教育，齐一道德论，都是很有力的。

第二，对于孔子的仁说更努力阐扬，如大程子论仁，分成广义的与狭义的两方面。朱子论仁不但认为是诸德之首，诸德亦必须包容于仁内。

第三，对于《大学》的"格物致知，正心诚意"都有新见解出现，如小程子论穷理重在积习；盖积习既多，则理贯通。朱子论穷理，是知事物之所以然与其所当然者；所以然属于知方面；所当然属于行方面。胡静斋认穷理不限于书本，举凡讨论、思虑、行事都能得之。王阳明更以心为主而解释格物，所谓"格心之物"是也。对于正心诚意亦有新见解，可归并于第四条说明之。

第四，对于《中庸》的"中和""诚明""慎独"以主一、居敬、静坐等学理，阐发至详。理学诸儒十之八九主张敬、静，这可说是宋、元、明诸儒的共同点。

最末，我引缪天绶先生一段话作为上文的结论。他说："至宋伊川、晦翁等始于《礼记》中抽出《大学》《中庸》两篇，合《论语》《孟子》称四书，这四书则为宋人唯一的读物。伊川说："入德之门无如《大学》。……其他莫如《论》《孟》。"又说："学者当以《论语》《孟子》为本，《论语》《孟子》既治，则六经可不治而明矣。"晦翁亦说"读书先读《大学》，以定其规模；次读《论语》以定其根本；次读《孟子》以观其发越；次读《中庸》以求古人之微妙。"缪选注：《宋元学案序言》。诸儒有名的著作，其立说皆取源于四书、五经，所以缪氏又说："如：'太极阴阳'取之《易》，'人心道心'取之《书》，主'敬'言'仁'取之《论语》，谈'心'说'性'取之《孟子》，'格物致知、正心诚意'取之《大学》，'未发已发''中和' '诚明' '慎独'取之《中庸》，但不过以此为出发点，以这些为重要的问题，而特别提出来作精密的研究，和切至的讨论，那是前人所未见到，而为宋儒的卓绝的眼识。至其详细的说明，曲折的讲解，而成有条理的有组织的学说，实为古代儒家所未尝说及。"**缪选注:《宋元学案序言》。**

其次，说到理学家教育思想的坏影响。坏影响又是什么呢？

第一，理学家以性理之学为出发点，论教育的目的则为明心见性，论教育的方法则为敬以息虑，主诚心。总之偏重于静的修养。其结果养成知识分子，空谈心性，鄙视劳动以自高，不事生产以坐食消费为得意，毫无救国的勇气和技能。

第二，陆、王之学，以唯心论为出发点，所谓致良知格物之道，均从内心中求之。这种教育的结果，使学子容易脱离现实事物，缺乏实用的本能，对于社会国家毫无补益，正如颜习斋说的"无事袖手谈心性，临危一死报君王"，《颜氏学记》。这确是种亡国的教育思想，影响于后世至巨。目前中国民族性这样的散漫萎靡，显明的是中了这种思想的流毒。

第三，宋、元、明诸儒，个个言性，大都承孟子之说，主张性善，但对于性恶的来源，不能有彻底的说明。理学家认性即是理，理无不善，恶则由于气质之性，人之禀气有清浊厚薄之分，故人有善恶有贤愚的不同，但这仍非彻底的说明，不过较孔、孟所谈的性恶原因进步点而已。

总之，我们观察理学家的得失，必须纯具客观公正的态度。对于他的功绩不可忽视；对于他的理论缺点以及对后世的坏影响亦不容讳言，这样才不失研究学术的态度。

第十章

清代的教育思想

第一节　清代学术思想的转变概要

一、清代学术思想转变的原因

清代学术思想转变的原因，最重要的有两点：第一、民族思想的兴起。第二、宋、明理学的缺点。现分论之。

（甲）民族思想的兴起　蒙古族自统一中国后，汉民族精神，丧失殆尽，教育衰败达于极点。明太祖起，始恢复汉族，于民族复兴之功绩，当然是永垂千古，但是，文化教育的建设，毫无成绩，社会思想囿于理学，失之空疏，一般知识分子散漫不振，以致民族精神仍闷郁不复开展。乃至晚年盗贼蜂起，外族乘机内侵，于是明朝在内外夹攻之中一败涂地而不可收拾。

明朝虽亡，但是民族思想反有兴起之势。当时民族思想赖以维持不致中绝，其唯一原因是明朝的遗老如顾炎武、黄宗羲、王夫之等努力的提倡。他们目观复族不久，又遭亡国之祸，不用说是很痛心的，一面统率明朝遗留的义师抗清，一面著书立说，鼓吹民族思想。在巩固民族思想的战线上，首要肃清反动的思想。明末所谓的反动思想是什么？无疑的是宋、明理学。如顾炎武根本不承认有理学，痛诋理学的空疏，揭出拥护民族思想的大旗，大声疾呼。他说："刘石乱华，本于清谈之流祸，人皆知之，熟知今日之清谈，谈老庄，今之清谈，有甚于前代者；昔之清谈，谈孔、孟，未得其精，而已遗其精，未究其本，而先辞其末。不习六艺之文，不考百王之典，不综当代之务。……股肱堕而万事荒，爪牙亡而四国乱，神州荡覆，宗社邱墟！"顾著《天下郡国利病书》。又如王夫之说："述古继而王者，本轩辕之治，建黄中，拒闲气殊类之灾，扶长中夏，以尽其材，治道该矣。"《船山全集·思问录》。又说："可禅可继可革，而不可使夷类间之。"《船山全集·思问录》。这些都是显明鼓吹民族思想的史料。理学思想受了这样严重的攻击，而本身的缺点又多，自然不能继存。

（乙）理学的缺点 关于宋、明理学的得失，在上章第九节中已略为批评了，其功绩在能将四书五经中每个重要问题，特别提出作精密的研究，发现许多前人未尽的至理。其缺点在使学者偏重于性理的空疏研究，结果养成知识分子的"束书不观，游谈无根"的恶习，毫无救国的勇气和实际的技能。民族精神，因亦颓败已极。理学既有如是的缺点，其不能维系社会的信仰，实是必然的。何况清初，正当晚明王学极盛而敝之后，具有民族思想的学者如顾炎武等遂大倡"舍经学而无理学"的主张，使学者脱离理学的羁绊而直接反求之于古经。

理学虽有儒家的思想为其理论的基础，但失之空疏，毫无实践的方案可寻，亦无济于事。因此之故，理学刚演至明末，遇着民族变迁的刺激，便崩溃无遗。

二、清代学术思想转变后的概要

清代的学术思想既有转变，其转变的概况究竟如何呢？梁任公先生说："清代思想果何物耶？简单言之，则对于宋、明理学之一大反动，而以'复古'为其职志者也。"梁著《清代学术概论》。准此，我们知道理学崩溃后，清代思想界遂生一种反动，即是采用汉儒治经的方法，竭力于考据与训诂。汉学之名，遂由此出。经学为什么要考证训诂呢？因为，经学有真有伪，需加以考证辨别；文字有古今的分别，要明白古经的意义，非加以训诂不可。在清初，阎若璩首先揭出辨伪经的主张，唤起"求真"的观念，胡渭攻"河洛"即是《河图洛书》。扫架空说之根据，于是汉学的规模大备。惟考证训诂，首在方法，当时的学者亦能注意及此。他们所努力的目标是理论的检讨，史实的证明，其根本方法还在"实事求是""无征不信"。至于研究的范围，除经学而外，亦涉及小学、音韵、史学、天文、地理、算学、典章制度等。再者，清代思想受宋、明理学的反响，而产生复古（汉学）的趋向，所以史家多以欧洲的"文艺复兴"相类比。这种论断，在清代思想产生的时代性及内容方面说，是能成立的，不过欧洲文艺复兴的结果与清代文艺复兴的结果是两不相同的，这点我们须得注意。

梁任公先生将清代学术思想分成启蒙、全盛、蜕分、衰落四期：启蒙期以顾炎武、胡渭、阎若璩为其代表，全盛期以惠栋、戴东原、段玉裁、王念孙、王引之为其代表，蜕分期以康有为、梁启超为其代表，衰落期以俞樾、孙诒让、章炳麟为其代表。这种分法，对于思想的研究，颇多方便之处，实亦不可忽略的。惟康、梁、章诸人的教育思想我已划入于近代时期。本章所述仅启蒙与全盛两期而已。

清以满族统治中国，在政治上除竭力实行君主专制外，最要紧的是防止异族的反动。在文化教育上更注意于行政的统制，思想的束缚。清代的教育方针是根源于建国的策略而来的。建国的策略是什么？即是以巩固满族的统治基础为本，而以保存民族固有的道德技能，发挥其民族特质之勇气，期使满族之精神文明得以永存能与异族相竞争。因之，他的教育方针纯粹本于满族利益的立场上，对汉人施行统治教育，其主要方案在笼络士子与利用士子以吸收汉民族的文化。

第二节　反对理学与科举的思想

清代学术思想既为宋、明理学的反动，则其反对理学的思想必为当时学者所同具，这是毫无疑问的。科举制度至清已达登峰造极的阶段，其流弊之大亦为前朝各代所共有，因之，以往各代的通儒均持反对之论。这种反对思想至清代不但为诸儒的共有，且因科举制度厉行的反响，愈增加其激烈性，真是"魔高一尺，道高一丈"。反对理学是属过去的，反对科举是属于当时的。此两种反动思想，对于清代以及现今的教育思想关系至巨，所以有先行提出论述的必要。

一、反理学的思想

清初对宋、明理学首施猛烈攻击的为唱"通经致用""博文知耻"的顾亭林，他根本否认理学的存在，所以他说："古今安得别有所谓理学者，经学即理学也；自有舍经学以言理学者，而邪说以起。"*全祖望书《亭林先生神道表》*。理学的不重实际，不重品行，至晚明犹极，当时的"狂禅派"所谓的"满街皆圣人，酒色财气不碍菩提路"*梁任公著《清代学术概论》*。真能代表一时特殊的士风。因此之故，顾亭林对王阳明攻击尤烈，他说："今之君子，聚宾客门人数十百人，与之言心言性；舍'多学而识'以求'一贯'之方，置'四海困穷'不言而讲'危微精一'，我弗敢知也。"*《顾亭林文集·答友人论学书》*。又说："今之学者，偶有所窥，则欲尽废先儒之说而驾其上；不学则借一贯之言以文其陋；无行则逃之性命之乡以使人不可诘。"*《日知录》十八*。又在《日知录》上说："以一人而易天下，其流风至于百余年之久者，古有之矣。王夷夫之清谈，王介甫之新说，其在于今，则王伯安之良知是也。"

次之，排斥理学的为王船山。他说："体用一，知行合，善恶泯，介然有觉，颓然任之，而德明于天下矣，乃罗织朱子之过而以穷理格物为其大罪，天下之畏难苟安，无所忌惮；以希冀不劳而坐致圣贤者，翕然起而从之。"王著《大学补传衍》。又说："侮圣人之言，小人之大恶也，……姚江之学，横拈圣言之近似者，摘一字一句以为要妙，窜入其禅宗，尤为无忌惮之至。"王著《大学补传衍》。

对于理学从理论上加以批评的，还是颜习斋、李恕谷二人。颜、李二人代表的是唯生主义，所以对于理学的批评，较顾、王诸人都来得深刻。

（甲）对理学总的批评　颜习斋说："宋儒如得一路程本，观一处，又观一处，自喜为通天下路程，人亦以晓路程称之，其实一步未行，一处未到。"《颜氏学记存学篇》。又说："余昔尚有将就程、朱附之圣门支派之意，自一南游，见人人禅之，家家虚文，直与孔、孟敌对，必破一分程、朱，始入一分孔、孟，乃定以孔、孟与程、朱判然两途，不愿作道统中乡愿矣。"《颜氏学记存学篇》。清代学者痛心宋、明学者以"儒表佛里"治学，使儒家的正统混乱，故有以斥之。

（乙）对于"主静""居敬"的批评　"主静"是宋儒所共同承认的教育方法，但颜习斋却甚反对，他以为即使静到"镜花水月"的地步，亦是无效的。他说："洞照万象，昔人形容其妙，曰镜花水月，宋、明儒者所谓悟道，大率类此。吾非谓佛学中无此境地，亦非谓学佛者，不能致此也，正谓其洞照者无用之水镜，其万象皆无用之花月也。"《颜氏学记存学篇》。静坐不但无实效，而且妄惑已极！他说："天地间岂有不流动之水，不著地，不见泥沙，不见风石之水，一动一著，仍是一物不照矣。今玩镜里花，水中月，信足以娱人心目，若去镜水，则花月无有矣。即对镜水一生，徒自欺一生而已矣。若指水月以照临，取镜花以折佩，此必不可得之数也。故空静之理。愈谭愈惑，空静之功，愈妙愈妄。"《存人篇》。静的工夫不但无用，而且有害。这害是什么？即是他说的一是身体的害，一是神智的害。他说："终日兀坐书房中，萎惰人精神，使筋骨皆疲软，以至天下无不弱之书生，无不病之书生，生民之祸未有甚于此者也。"《存人篇》。又说："为爱静空谭之学久，则必至厌事，遇事即茫然，贤豪且不免，况常人乎？故误人材，败天下事者，宋人之学也。"《存人篇》。的确空静实足以伤身损神，中国人民受这种遗毒甚深，以致身体文弱，神智不旺，影响于民族前途至巨。习斋虽揭破空静的危险，但不为当时人所注视，鲜生效果，殊为可叹！

宋儒言居敬必须与事物脱离，颜、李以为居敬不可与事物脱离，这是与宋儒所说的大相抗庭的地方。颜习斋说："曰'执事敬'，曰'敬事而信'，曰'行笃敬'，皆身心一致加功，无往非敬也。若将古人成法皆舍置，专向静坐收摄徐行缓语处言主敬，则是儒其名而释其实，去道远矣。"《存学篇》。李恕谷亦说："圣门不空言敬。"《颜李丛书》。

（丙）对于"道""理"的批评　"道""理"二字即是"明道""穷理"的意思，宋儒每以道理合而为一物，运用于宇宙本休论上解释，则有近于老子的"有物混成先天地生，名之曰道"。运用于伦理上解释，即是格物穷理；因为，能穷理，则道自明，能顺理而为，自然合道。颜、李言道《李恕谷集原道篇》。则不然，以为道不能脱离现实，所谓"道不远人"就是说道即在人事之间，不能超出五伦六艺而外，所以人必须于现实事物中来研寻道，若舍此而求之他，实是空谈。颜、李解释道既认不能离人事而言，则对于理的解释不言亦知。他们是反对朱子的"岂有见理已明而不能处事者"的主张，而以为必须于处事接物中穷理；因为，若舍穷理于现实之中，其结果必陷于理论与实践相矛盾的境地，所以习斋说："见理已明而不能处事者多矣。有宋诸先生便谓还是见理不明，只教人再穷理，孔子则只教人习事，迨见理于事，则已彻上彻下矣，此孔子之学与程、朱之学所由分也。"《存学篇》。

吾人综观颜、李对于宋明理学家的"敬""静""道""理"的批评，可知道他们理论相异的基点实是"唯生"与"唯心"上的区别。颜、李本于"唯生"的立场，根本反对空静工夫为教育方法，主张"敬"必须"敬其事""行笃敬"，主张"道""理"须于现实事物中去研寻，不可脱离事物而空言"道""理"。

二、反科举的思想

反对理学是清代思想的第一个革命，前文已论其大略。至于反科举的思想，是清代学者承继前人的独见精神而加以继续不断的努力。两者在清代学术思想史上，都有光荣的地位。

清代反科举最早的为顾亭林。他反对科举的理由是：第一，科举制度不能取得真人材；因为，应科举考试的士子，大多为的取富贵，弋名誉，真有学识的人不一定出于科举，所以由科举出来的多无实学。第二，科举阻碍真知的研究；因为，科举既以八股文为取录之标准，则一般士子多聚精会神于八股文的钻研，以为只要做几篇漂亮的文章，便可以登科考试，对于真是学问的研究，则置之脑后。亭林所谓的真知实学，当然是指古时的典章文物，经世致用之学了。我们姑无论以前的经典是否就是真知实学，但是，科举制度之兴，确是学术思想上的恶魔，所以他说："八股之害等焚书，而败坏人材有甚于咸阳之郊。"《日知录》。

黄梨州反对科举较顾亭林为彻底，他痛斥当时科举取士之弊说："取士之弊，至今日制科而极矣；……条举之法，虽曰以名取人，不知今之所谓名者，何凭也？势不得不杂以贿赂请托。……欲得胜于科目之人，其法反不如科目之详，所以徒为纷乱而无益于时也。"黄著《明夷待访录·取士上篇》。他主张取士从宽，用士从严；因为，宽于取，可免枉材，严于用，可少倖进。至于取士方法，当然不一定采用科举，所以他又说："古之取士也宽，其用士也严，今之取士也严，其用士也宽。……宽于取，则无枉材，严于用，则少倖进。……严于取，则豪杰之老死邱壑者多矣。宽于用，此在位者，多不得其人也。"《取士下篇》。

第三节 启蒙期的教育思想

一、顾亭林

（甲）教育的目的论 顾亭林是清初努力于民族复兴运动的学者，他目睹明朝亡国的情形，深悉亡国的原因，立志要图恢复明社，四方奔走，以复兴民族，扰乱反正为己任。他主张教育的目的是在使人有"致用"的能力。因为，复兴民族，不全是理论的问题，而是实干的问题，如果不言"致用"之学，试问造成像宋、明那些"弱不胜风""放言高论"的人，即使有救国之志，然亦无补于事。他认定"天下兴亡，匹夫有责"的信念，遂提倡"致用"之学，这是他论教目的出发点。要救国必须造成一批有用的人材，这种人材非寻常人可比，必俱备几种条件：第一，是智识的丰富实用。如他的学问可以垦田，教人理财。第二，是志操清高。如他谨遵母亲遗训不事满清，以恢复明社为己任，其志节制清高，非常人所及。第三，是意志坚强。如他四方奔走，艰苦备尝，但一点不灰心，不与世俗同化。要能达到这种教育目的，必须实践他的教育方法。

（乙）教育的方法论 顾亭林对于教育的方法提出两个实施原则：一是属于智识方面的"博学于文"，一是属于品行训练方面的"行己有耻"。

第一，"博学于文"的意义及其实施节目。他所谓的"文"是宇宙间一切事物的现象，如说："自身而至于国家天下，制之为度数，发之为音容，莫非文也。品节斯，斯之谓礼。"《日知录》十七。又说："夫子之文章，无非夫子之言行与天道。"《日知录》十七。"博学于文"又有什么意义呢？博是广博的意思，即是以客观考察的方法，对于宇宙间的一切事物的现象，都要加以广博的研究，所以他说的"自一身以至天下国家，皆学之事也"今已明其意义，则实施的节目又是什么？（一）是独立的创造。即是不因袭古人的成理，不盗窃古人的文句，所以他说："有明一代之人，其所著书，无非窃盗而已。"《日知录》十八。他论著书之难曾说："必古人所未及就，后世之所不可无，而后为之。"《日知录》十九。（二）是实地的考察。他既注重实地考察，所以游历的时候很多，所到之处，注意于山川风俗人情之研究，并载书自随，以便互相参证，明其异同与得失。全祖望说："凡先生之游，载书自随，所致阸塞，即呼老兵退卒询其曲折，或与平日所闻相合，即发书而对勘之。"《亭林先生神道表》。（三）是广博的考证。他讲学不但注重考证，且须旁征博引，求得多数的证据，然后乃能自信。《日知录提要》说："炎武学有本原，博赡而能贯通，每一事必详其始末，参以证佐，而后笔之于书，故引据浩繁，而牴牾者少。"（四）注重实用的学问。凡浮虚空谈之学，皆所唾弃。他说："孔子删述六经，即伊尹、太公救民水火之心，故曰：'载诸空言，不如见诸行事。'……愚不揣有见于此，凡文之不关于六经之指，当世之务者，一切不为。"《亭林文集·与人书》。

第二，"行己有耻"的意义。他讲学最重人格的树立，要树立高尚的人格，莫过于"知耻"。士不先言耻，实是不知为人的根本。所以他说："自子臣弟友以至出入往来辞受取与之间，皆有耻之事也。耻之与人大矣，不耻恶衣恶食，而耻匹夫匹妇之不被其泽。……呜呼！士不先言耻，则为无本之人，非好古而多闻，则为空虚之学。以无本之人而讲空虚之学，吾见其日从事于圣而去之弥远也。"《日知录》。他又提出"礼、义、廉、耻"为体测社会关系的准则，故称为国家的四维。四维之中又以耻为紧要，耻实为礼、义、廉之总标准，所以他说："礼、义、廉、耻，是谓四维；四维不张，国乃灭亡。然而四者之中，耻为尤要，人之不廉而至于悖礼犯义，其原皆生于无耻也。故士大夫无耻，谓之国耻。"《日知录》。于此我们不但要知顾亭林讲修为之术，最重要的是"知耻"。还要知道亭林在明亡以后，提出"知耻"以警惕世人，是有深厚的意义。他志在复明，深恐一般人不知耻，为私欲所蔽，投降清朝，作亡国奴的勾当。他为什么说士大夫无耻，谓之国耻呢？因为，士大夫是人民的表率，又是最容易被人收买作汉奸的，所以特别说明士大夫的无耻就是国家的耻辱，其关系是何等重要。

　　（丙）结论　从以上的分析，可知顾亭林论教育的目的在养成

"通经致用"能实干的人材。这种人材最重要的修养，是有清高的志操，坚强的意志。他论教育的方法，以"博学于文""行己有耻"为实践的原则；前者是关于智识方面的，后者是关于品行方面的。尤其是论求学之方，很合于科学的道理，值得吾人效仿。

二、胡朏明与阎百诗

胡朏明与阎百诗同为考据学的巨子，对于清代学术思想的贡献均有同等的价值，何则？因为，考据学最大的工作在考辨真伪，校正讹误，其对于中国旧学术加以整理，使我们得到正确的了解，这是很有伟大意义的。不特如此，胡、阎二人各有特殊之贡献。兹分述于下：

朏明以为混淆经典使失去真传的，莫过于汉时的"五行灾异"之说与宋儒以"太极"《河洛图书》等说寄托于易，他于是作《洪范正论》以攻击"五行灾异"，并打破一切惑世、诬民、汩灵、窒智之邪术邪说，作《易图明辨》以攻击宋儒的穿凿附会。《易图明辨》的大意是辨别宋所谓《河洛图书》系传自邵雍，雍受之于李之才，之才受之于道士陈搏，非羲、文、周、孔所有，与《易》义无关。他主张以《易》还诸义、文、周、孔，以《图》还诸陈、邵，各不相混。自此以后，学者乃知宋学自宋学，孔学自孔学，离之双美，合之两伤。这种论断实与宋学一严重的打击，同时使后来学者不致再陷宋学的迷途。

阎百诗对于学术思想最伟大的贡献，在他能大胆的辨东晋时出现的《古文尚书》十六篇及孔安国所作的《尚书全传》都是伪书，他的证据很多，道理很充足，均载于他著的《尚书古文疏证》中。本来《尚书》在汉时就有今古文之争辩，以后的学者多是疑而莫敢断；盖因《尚书》自汉武帝表章六经以来已成神圣不可侵犯的大典，谁敢议其为伪？至百诗才勇敢的揭破其虚伪，这确是学术界稀有的。其影响于教育的：一是引起学者疑古的勇气，一是打破学者盲从的毛病，启发自由研究的精神。

胡、阎二人为考据学派的代表，归纳其教育思想：第一，论教育目的在使人通经；经有真伪，故须养成疑古辨伪的精神。第二，论教育的方法须注意于归纳的、演绎的两种；因为，考据的工作，非同小可，方法若不精，其结果必难收效。其次，须从小学入手；因为，小学是通经的途径，小学有根基，才可以言治经。

三、黄梨州

黄梨州亦是清初民族运动的健将，他半生奔走国事，艰险备尝，后见大势已去，乃归里著书。名著作有《宋元学案》《明儒学案》《明夷待访录》三部；前两部为中国的政治史，后者为他的学术思想。现刻即开始根据三部书的材料来检讨他的教育思想。

（甲）政治思想　梨州的政治思想可大别为抑君主倡民权，与主张法治两种。他认为君主是罪大恶极的，以天下之利尽归于己，天下之害尽归于人。孔子主张天下为公，实现大同世界，而君主则不然，以天下为私，这岂不与孔子之道相反而行吗？梨州为要贯彻其民族运动，不能不攻击君权而建立民权思想。他在《原君篇》上说："后之为人君者不然。以为天下利害乏权皆出于我，我以天下之利尽归于己，以天下之害尽归于人，亦无不可。使天下之人不敢自私，不敢自利，以我之大私为天下之大公。始而惭焉，久而安焉。……古者以天下为主，以君为客，凡君之所毕世而经营者，为天下也。今以君为主，天下为客，几天下之无地而得安宁者，为君也。是以其未得之也，屠毒天下之肝脑，离散天下之子女，以博我一人之产业，曾不惨然，曰：'我因为子孙创业也。'其既得之也，敲剥天下之骨髓，离散天下之子女，以奉我一人之淫乐，视为当然，曰：'此我产业之花息也。'然则为天下之大害者，君而已矣。……今也天下之人怨恶其君，视之如寇雠，名之为独夫，固其所也。而小儒规规焉以君臣之义无所逃于天地之间，至桀、纣之暴，犹为汤、武不当诛之，……岂天地之大，于万民兆姓之中，独私其一人一姓乎？"

至于他认为治理天下必须根据法律，否则难于收效。在君主政体时代，君王创法毁法都本于个人的利欲，要皆以害天下的，所以他在《原法篇》上说："后之君主，既得天下，唯恐其祚命之不长也，子孙之不能保有也，思患于未然以为之法。然则其所谓法者，一家之法，而非天下之法也。……夫非法之法，前王不胜其利欲之私以创之，后王或不胜其利欲之私以坏之。坏之者固足以害天下，其创之者亦未始非害天下也。……论者谓有人治而无法治，吾谓有治法而后有治人。"

（乙）**教育的目的论**　梨州遵父命就学于刘蕺山。蕺山为王学的殿军，所以梨州的教育思想大致宗于阳明的"致良知"之说。但对于"致良知"有许多新认识，决不墨守阳明之说。他以为致良知的"致"即是"行"，主张求学注重实行，空虚静坐为他所反对，这是与王学相反的地方，因此之异，人多称其为王学的正派。他认为圣人教人，注重于行。他说："阳明之格物，为致吾心良知之天理于事事物物，则事事物物皆得其理；以圣人教人，只是一个行，如博学、审问、慎思、明辨皆是行也。笃行之者，行此数者不已是也。阳明致之于事物的'致'字，即是'行'字，以救空空穷理，只在知上讨个分晓之非；乃后之学者测度想像，求见本体，只在知识上立家当，以为良知，则阳明何不仍穷理格物之训，先知后行，而必欲自为一说耶。"《明儒学案·姚江学案》。他在《师说篇》上说："良知为知，见知不囿于闻见。致良知为行，见行不滞于方隅。即知即行，即心即物，即动即静，即体即用，即功夫即本体，即下即上，无之不一，以救学者支离眩骛、务华而绝根之病。"

（丙）**教育的方法论**　梨州少时受他父亲的庭训："学者最要紧是通知史事。"所以他一生努力于史学之研究，为清代史学之祖。他求学的方法最要者为博读经史，而以致用为依归，所以他说："学者必先穷经；然拘执经术，不适于用，欲免迂儒，必兼读史。"《明儒学案》。又说："读书不多，无以证理之变化；多而不求于心，则为俗学。"《明儒学案》。

（丁）**结论**　黄梨州论教育的目的在本阳明的"致良知"，但他注重在行，在能实用。论教育的方法在经史兼修；因为，穷经可不致束书而从事游谈，但恐学者拘执经术，不合实用，又兼读史籍，可免迂儒之弊，总之他的政治思想实产生于他的教育思想，如他认为学校是知识分子会聚之所，为民意的代表，应立于监督指导政府的地步，所以他说："治天下之具，皆出于学校，而后设学校之意始备。……天子之所是未必是，天子之所非未必非，天子亦遂不敢自为非是，而公其非是于学校。"《明夷待访录·学校篇》。他这种民权思想在当时实属惊奇，此后康、梁以及谭嗣同等倡民权共和之说，孙中山先生的民族民权思想，无不受其启示。这是我们研究近代中国民族运动以及政治思想时最不可忽略的。

四、王船山

王船山生于湖南。他求学完全是自修，无所师承。因而他的学说比较进步。《中山文化教育季刊》二卷一期王孝鱼著《王船山的历史进化论》。且因国事多变，闭门讲学著书，不求闻达，这是他的人格性质特殊的地方。兹论其教育思想于下：

（甲）宇宙本体论 船山的宇宙本体论出于宋张子的太虚论，对于《正蒙》特别推崇，因作《正蒙注》。他以为太虚即是实，其归就于诚。他说："太虚一实者也，故曰诚者天之首也，用者皆其体也，故曰诚之者人之道也。"《正蒙注》。人之道既是诚，但是，如何才能体认这个诚字呢？于是他便指出人先天就赋有种"真知"，"真知"即是"德性之知"，是与后天的"见闻之知"有区别的。所谓"德性之知"即是"诚有而自喻，如暗中自指其口鼻，不待镜而悉"。《正蒙注》。"见闻之知"即是由见闻所得的具体东西，以具体的东西充实于"德性之知"，则知识才不空虚无物，"真知"乃能成立。"真知"成立，才能识出"诚"来，进而才能对于宇宙的本体有所了解。

（乙）教育的目的论 他以为教育目的在止于至善，所谓至善多偏重于德行方面。但是，如何才能止于至善呢？当然是要能够认识"诚"，所以他在《思问录篇》上说："行而后知有道，道犹路也；得而后见有德，德犹得也。储天下之用，给天下之达者，举无能名言之。天曰无极，人曰至善，通天地人曰诚，合体用曰中。"

（丙）**教育的方法论** 船山论教育的方法：第一，正心。他在《思问录内篇》上说："欲修其身者，先正其身心，圣贤提纲之要也。勿求于心，告子迷惑之本也。不求之心，但求之意，后世学者之通病。盖释氏之说，暗中之以七识为生死妄本；七识者，心也。此本一废，则无君无父，皆所不忌。呜呼！舍心不讲，以诚意而为玉钥匙危矣哉！"他又说："中正，然后贯天下之道。"所谓中正者，即是"不倚之谓中，得其理而守之不为物遮之谓正"是也。他认为"正"字是教育方法最重要的，恐世之教人者忽略，特别又补充说："蒙以养正，使蒙者不失其正，教人者功也。尽其道，其唯圣人乎？"《思问录》。可见他认为"正"不但重要，而且应该使儿童在幼年的时候就要养成，这确是教人者最大的责任，如果蒙不失其正，亦就是教人者的功劳嘞。第二，注重格物穷理，尤重笃行。他在《大学补传衍》说："经云：事有终始，知所先后，则近道矣。递推其先，则曰：在格物，物格而后知至……盖尝论之，何以谓之德？行焉而得之谓也；何以谓之善？处焉而宜之谓也。不行胡得？不处胡宜？则君子之所谓知者，吾心喜、怒、哀、乐之节，万物是非得失之几，诚明于心而不昧之谓耳。……今使绝物而始静焉，舍天下恶，而不取天下之善，堕其志，息其意，外其身，于是洞洞焉，晃晃焉，若有一澄澈之境，……庄周氏、瞿昙氏之所谓知，尽此矣。然而求之于身，身无当也；求之于天下，天下无当也；行焉而不得，处焉而不宜，则固然矣。于是曰：吾将不行，奚不得？不处，奚不宜？乃势不容已，而抑必与物接，则又洸然自恣，未有不躐而狂者也。"第三，是博文约礼。文是什么？即是通经读史，明伦察物。约礼是什么？即是学习古礼。为什么又习古礼呢？因为，礼、乐可以调和性情志气，如能做到复礼，则人的情欲均易克制，而外患自息，所以他说："复礼之实功也。以礼制非，礼犹谋国者，因本自强，而外患自辑。治病者调养元气而客邪自散。"《大学补传衍》。

（丁）**结论** 由以上的分析，船山所论的教育方法，一、三两项多偏重于修养方面。其实古人所谓的修养，即今日学校中的德育，因之，修养仍是教育方法中最重要不过的。对于知识的讲求，尤重于科学研究的精神，他常说："天下之物理无穷，已精而又有其精者，随时以变，而皆不失于正；但信诸己而执之，云何得当；况其所为信诸己者，又或因习气或守一先生之言，而渐渍以为己心乎！"《思问录》。

五、介绍一位劳动教育家——颜习斋

颜习斋，名元，他是明末清初由最贫苦出身的一位学者。平生饱受忧患，艰苦卓绝，造成了他伟大的学问，这种治学的精神，的确值得我们敬佩！

（甲）他思想基础的认识　在未讨论习斋的教育思想以前，须先认识他思想的基础，这是一个紧要的关键，关于他思想基础的认识，今学者论说很多，意见很不一致。现仅就我所见到的写在下面，以供研究习斋哲学的人的参考。

（一）力行论　梁任公先生谓他的思想是建筑在"力行"上面的。梁著《清代学术概论》。

（二）实利主义论　王凤喈先生说颜、李的教育思想是代表"实利主义"的，如他说："据此则习斋之言教育，是以实利为目的，实习为方法，所以我叫他做实利主义。"王著《中国教育史大纲》。这里王氏并没有说明习斋思想的哲学基础，仅在教育思想上论断为实利主义。

（三）习行论　任觉五先生论习斋的哲学基础是"习行"。他说："习斋先生的思想，就是'习行'两字，而他的一生直到七十岁死，亦就是时时在习，日日在行中讨生活。"任著《颜习斋习行哲学概要》。

（四）动的哲学论　民国二十二年徐庆誉先生在江西省立图书馆讲演，讲题是《颜习斋动的哲学》。他说："颜习斋对于动的根本原理，下了一番深刻研究功夫，并且发挥了许多精辟独到的思想，所以我们可以称颜先生那种动的思想为动的哲学。颜先生是主张'行'的，为什么不说是'行的哲学'而说是'动的哲学'呢？原因有三：（一）颜习斋学说是以'动'为中心，在他的著作中时常讲动。（二）哲学上原有'主动'与'主静'两派别。（三）中国人的毛病是不动，现在要叫全国人民都动起来，我们就不得不提出一个'动'的口号。"《国闻周报》十卷三期徐著《颜习斋的哲学》。

（五）唯物论　陈家璠先生著《颜习斋哲学批判》（题意如此）的时候，他是抓着了习斋学说的哲学性的，可是他说的"唯物论之认识论"尚有研究的地方。此点留在下文讨论，现在只介绍他的"唯物论之认识论"的理论了。他说："习斋教育之根本思想，为其认识论。关于此问题，哲学上尚分两大壁垒：一为唯心，一为唯物。前者重心辨，崇瞑想，专诉于吾人先天之理性，其方法为演绎的；后者正与相反，否定理性之存在，以为不过物质作用之一种，故重感觉，尚实践，以经验为获得认识之不二法门，其方法为归纳的，……他以为吾人一切认识皆由后天经验而来，常人所视为高等能力之悟性，不过如镜花水月，玄虚恍惚，并无实在。欲求真确之知识或学问，必须自身体验习作，并视其效果如何，方可决定其价值。"《教育杂志》二十五卷十期。

（乙）**唯生哲学**　由上文的观察，知道从梁先生的"力行论"到陈先生的"唯物论"，我认为都有讨论的地方。而我之所以提出"唯生"来建立颜习斋学说的基础，其理由有四：

哲学的意义不外是探求宇宙间的根本原理。在唯生论未阐明以前，哲学中主要派别只有唯心与唯物两种。唯心主精神，唯物主物质。精神与物质虽被以前的学者造成相互对立，可是仍是一体的，这就是现今倡行的"心物一元论"。孙中山先生说："精神虽为物质之对，然实相辅为用。考从前科学未发达时代，往往以精神与物质绝对分离，而不知二者本合为一。"可见唯心唯物已不能存在了。

唯心唯物两说既不能存在，其归结点必在唯生哲学上。生是什么？就是生命，或者是生机。以讲生机论的杜里舒（Drisch）及讲创化论的伯格森（Bergson）二人的学理来说，生命具有生活力，生即是冲动，准此而论，则凡有生命生机的物体，必然具有活动力，为要保持生命的绵续性。亦必然要动，而且要时时行动，时时习作，我国古书上说的"民生在勤，勤则不匮"，其最终意思还是不出此范围，因是，习斋学说注重在动在习行，全是由唯生哲学而来的。要如此去推求，才有哲学的价值。

唯生论的思想不是现时才产生的，在我国古时亦就有了这种思想，如《易经》上说的："天地之大德曰生。"再经辩证的发展，则成"有天地然后万物生焉"。孙中山先生扩大此说，则成"生是宇宙的中心，民生是人类历史的重心"。又说："民生就是政治的中心经济的中心和种种历史活动的中心，好像天空以内的重心一般。"可见由辩证的生命观发展到唯生的宇宙观、历史观并及于社会科学领域上，是很明白的。

目前我国思想混乱已极，负有指导责任的人，为使全国思想定于一计，对于固有的唯生哲理，势不能不特别注意其阐发功夫，这亦就等于徐庆誉先生主张"动的哲学"的第三理由。

他的思想既出于唯生论，所以主张做事即是学问，劳动即是人们最高的生活素。并反对书本知识，反对虚静为教育方法，根据他思想的哲学基础，来研讨他的教育思想，实是一点不会错，他的教育思想应以劳动教育为其中心，这更能与其哲学基础——唯生论相吻合。

（丙）劳动教育的历史根据　他认为自来贤明的先王先圣都很注视劳动，所以说："三皇、五帝、三王、周、孔皆教天下以动之圣人也，皆以动造成世道之圣人也。五霸之假，正假其动也。汉、唐袭其动之一二以造其世也。晋、宋之苟安，佛之空，老之无，周、程、朱、邵之静坐，徒事口笔，总之，皆不动也，而人材尽矣，圣道亡矣，乾坤降矣。吾尝言一身动一身强，一家动则一家强，一国动则一国强，天下动则天下强，自信其考诸前圣而不谬，俟诸后圣而不惑矣。"《言行录》。

（丁）劳动教育在道德上的价值　宋、明理学家都以唯心的方法来作道德的修养工夫，习斋偏以劳动为道德修养的极则。他说："人心动物也；习于事，则有所而不妄动，故吾为儒时习力行，皆所以治心。"《世情篇》。又说："吾用力农事，不遑食寝，邪妄之念，亦自不起。"《学人篇》。又说："人不作事则暇，暇则逸，逸则惰则疲。暇、逸、惰、疲，私欲乘之矣。"《理欲篇》。从他的言论证明出来，凡人之治心，去邪念，灭私欲，都以劳动为最有效的方法。

（戊）**劳动教育在体育上的价值**　他以为体育更应该劳动，常劳动身体必强壮，反之，常静养身体必柔弱，这是与宋、明理学家以静养为锻炼身体最不同的地方。他说："劳动则筋骨竦，气脉舒。"《存学篇》。又说："养身莫善于习动。夙兴夜寐，振起精神，寻事去做，行之有常，并不困疲，日益精壮。但说静息将养，便日就惰弱。"《存学篇》。他以为礼、乐、射、御也是劳动，乃有强身进德的价值。他说："孔门习礼、乐、射、御之学，健人筋骨，和人血气，调人性情，长人仁义，一时习行，受一时之福，一日行之，受一日之福。一人体之，锡福一人；一家体之，锡福一家，一国天下皆然。小之却一身之疾，大之措民物之安，为其动生阳和，不积痰郁气，而安内扞外也。"《学人篇》。

（己）**劳动教育在知识上的价值**　他不但认劳动对于道德体育上有深厚价值，而且直认劳动为求知的最紧要方法，知识都是由劳动中产生出来的。他说："谓之格，则必犯手搏弄。"又说："此格字，乃手格猛兽之格。格物谓犯手实做其事，即孔门六艺之学是也。且如讲究礼乐，虽十分透澈，若不身为周旋，手为吹击，终是不知。"《四书正误大学格物章中》。自来的学者都公认致知格物是求学的唯一方法，但习斋却认致知格物仍不能脱离劳动，归根到底，劳动实是求知的唯一方法。其次，他以劳动为知识的源泉，更合于唯生史观的辩证法。他在《四书正误》解释《大学》格物章中，说得很透澈："知无体，以物为体，犹之目无体，以形色为体也。故人目虽明，非视黑视白，明无由用也。人心虽灵，非玩东玩西，灵无由施也。今之言致知者，不过读书、讲问、思辨已耳，不知吾知者，皆不在此也。譬如欲知礼，任读几百遍礼书，讲问几十次，思辨几十层，总不能知。直须拜跪周旋，捧玉爵，执币帛，亲下手一番，方知礼是如此，知礼者斯至矣。譬如欲知乐，任读乐谱几百遍，讲问、思辩几十层，总不能知。直须搏拊击吹，口歌身舞，亲下手一番，方知乐是如此，知乐者斯至矣。是谓'物格而后知至'……且如这冠，虽三代圣人，不知何朝之冠也。虽从见闻而知为某种之冠，亦不知皮之如何暖也。必手取而加诸首，乃知是如此取暖。如此菔蔬，虽上智老圃，不知为可食之物也。虽从形色料为可食之物，亦不知味之如何辛也，必箸取而纳之口，乃知如此味辛。故曰：手格其物，而后知至。"于此可见，习斋论劳动在知识上的价值，一方是劳动为求知的方法，一方是知识产生于劳动。用前者方法，乃能产生后者的知识，可知前为因，后为果，以果证明因，乃见其方法的正确。

（庚）**劳动教育的实践**　习斋是最重于实践而反对空谈的，所以他提倡劳动教育，不但从理论方面树立其基础，而且趋于实践他的理想学校分为六斋，艺能即其中之一斋。其科目为：水学、火学、工学等。他又说："学：学礼、学乐，学射、御、书、数等也。博学之则兵、农、钱谷、水、火、工、虞、天文、地理无不学也。"《存学篇》。他的水学有等于今日的水利、水产，火学有等于今日的冶金、煅铁，工学有等于今日的工业科，这些科目，是不是具有劳动的意义呢？是否合予唯生论的道理呢？

（辛）**劳动教育的实施原则**　劳动教育重在实践，实践必须有其方法，这是亘古不变的道理。习斋以为劳动教育的实施原则贵在实习，为什么贵在实习？因为，他认定凡耳闻目见的都不能认为是学问，必须经过手足的劳动，即是实习以后，才能成为学问。他说："必有事焉，学之要也；心有事则存，身有事则修，家之齐，国之治，皆有事也；无事则治与道俱废，故正德利用厚生曰事，不见诸事，非德非用非生也。德、行、艺曰物，不征诸物非德非行非艺也。"《言行录》。又说："天文地志律压民机等类，须日夜讲习之力，多年历验之功，非此理会文字之可坐而获也。"《言行录》。

（壬）**劳动教育的相反思想**　与劳动教育相反的思想：第一，是宋、明理学家的虚空静坐。习斋对于这种思想非常反对，攻击甚为激烈。他说："为爱静空谈之学久，必至厌事；厌事必至废事，遇事即茫然故误人材败天下事者，宋学也。"《存人篇》。其余详见前章，此处不多谈。其次，是书本之学。他以为孔子的学问，决不是由书本上得来，所以他说："人之认读书为学者，故非孔子之学，以读书之学解书，并非孔子之书。"《颜李丛书》。因此，他认为读书讲经，与道相隔千里，解书为道，则相隔万里，其距道更远。所以说："以读经史，订群书，为穷理处事，以求道之功，则相隔千里，以读经史，订群书，为即穷理处事，而曰道在是焉，则相隔万里矣。"《颜李丛书》。书本之学，不但不能得道，而且有害。他说："仆亦吞砒人也，耗竭心思气力，深受其害，以至六十岁不能入尧、舜、周、孔之道。……近来但见材器，便戒勿多读书。……噫！试看千圣百王，是读书人否？吾人急醒。"《颜李丛书》。又说："读书愈多愈惑，审事极愈无识，办经济愈无力。"《颜李丛书》。他反对书本之学的例证很多，不胜枚举。

（癸）结论 习斋以为原始时代的生活习惯教育是以生活、生产、生命、生存为中心，就是后来《周礼·大司徒》教士以三物，所谓的六德、六行、六艺，亦无不以生为教育的极则，这是他唯生的历史观。其思想的基础既建立在唯生的立场上，所以他论教育即以劳动为其最高理论。我们试问人民的生活，社会经济的生产，民族的生命，国家的生存，哪一件能脱离劳动的作用？所以说习斋的劳动教育思想，产生于他的唯生论。如果他的唯生论没有劳动教育思想为殿军，则必失之空虚，缺乏实践的价值。如果劳动教育思想没有唯生论为其基础，则必如空中悬梁，上不接天，下不着地，却亦不能构成一个完密的哲学体系。

习斋的唯生论与劳动教育思想的关系有如下表：

至于他的教育思想最大的贡献有两点：第一、建立中国近代劳动教育思想的基础；第二、打破二千多年来中国教育思想界鄙视劳动的错误观念。习斋的劳动教育思想，自然有"铜山东崩"的精神，可惜当时确没有"洛钟西应"的继承者，所以虽然一声炮响，突破数千年教育思想的积习，然而不久又归于沉静，其光彩反为传统思想所遮蔽，直到今日始又放光明。

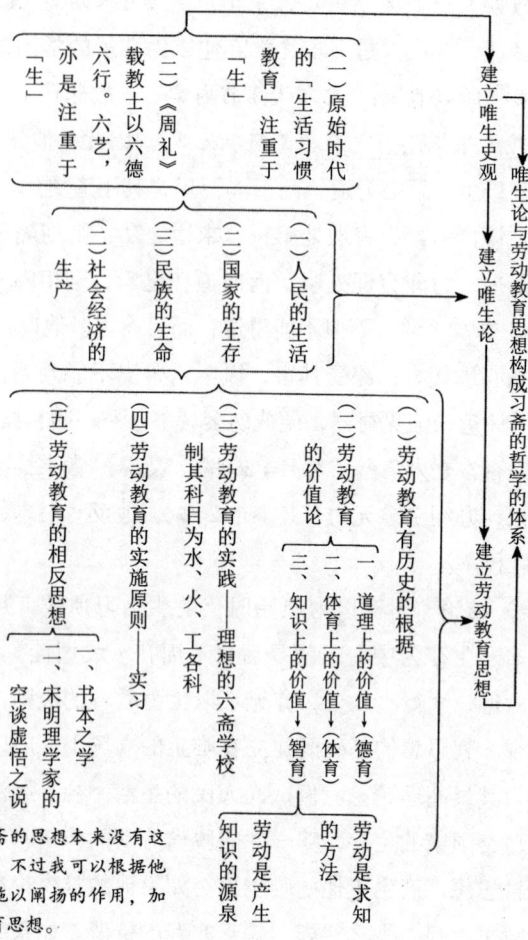

唯生论与劳动教育思想构成习斋的哲学的体系

建立唯生史观 → 建立唯生论 → 建立劳动教育思想

（一）原始时代的「生活习惯教育」注重于「生」

（二）《周礼》载教士以六德六行。六艺，亦是注重于「生」

（一）人民的生活
（二）国家的生存
（三）民族的生命
（四）社会经济的生产

（一）劳动教育有历史的根据

（二）劳动教育的价值论
一、道理上的价值→（德育）
二、体育上的价值→（体育）
三、知识上的价值→（智育）

劳动是求知的方法

劳动是产生知识的源泉

（三）劳动教育的实践——理想的六斋学校制其科目为水、火、工各科

（四）劳动教育的实施原则——实习

（五）劳动教育的相反思想
一、书本之学
二、宋明理学家的空谈虚悟之说

说明：习斋的思想本来没有这样的完密，不过我可以根据他的哲理，施以阐扬的作用，加强他的教育思想。

六、朱舜水

朱舜水在明亡后，他力图复族，终以失败，亡命日本，讲学著书。明治维新受他学说的影响不少。

他论教育以实用为目的。实用之学乃真能有益于社会国家。所以他说："有良工能于棘端刻沐猴，此天下之巧匠也，然不佞得此，必抵为沙砾，何也？工虽巧，无益于世用也。"《汉学师承记》。

他论教育的方法，注重于言行合一。他说："不佞生平，无有言而

不能行者，无有行而不如其言者。"《汉学师承记》。

第四节　全盛期的教育思想

一、惠定宇

惠定宇讲学，门户壁垒甚深，以博闻强记为入学之方，以尊古守家法为究竟，以古今为是非之标准，即是说凡古皆是，凡今皆非，所以人都推他为汉学的正统派。梁任公先生说："其'纯粹的汉学，则惠氏一派，洵足当之矣'。夫不问'真不真'，唯问要'汉不汉'，以此治学，安能通方。"梁著《清代学术概论》。其论教育，偏重师承，绝对遵守古训。其治学方法：一、为笃守家法，因而门户之见甚深，并竭力排斥异己；二、为"凡古必真，凡汉皆好"。定宇讲学论道，偏重于古训，故其思想不开展，不新进，完全是复古派的立场，殊无可取之处。并且这种思想，缺点又多，最重要的为胶固、盲从、偏狭、党同伐异之弊。

二、戴东原

戴东原，名震，安徽休宁人。幼时读书即富有怀疑态度，受《大学章句》至"右经一章"以下，问其师道："此何以知为孔子之言，而曾子述之？又何以知为曾子之意，而门人记之？"师答之曰："此先儒朱子所注云尔。"又问："朱子何时人？"师曰："南宋。"又问："孔子、曾子何时人？"师曰："东周。"又问："周去宋几何时？"师曰："几二千年。"又问："然则朱子何以知其然？"师不能答。王昶《述庵文钞戴东原墓志铭》。于此可见东原学问的出发点，在能不盲从，必求其所以然之故。他学说之超于阎、黄、王、颜诸人者，亦是因有怀疑的精神；因为，能怀疑，必能有独立思考的勇气，必能有新的发现，新的创作。

（甲）**伦理哲学**　"以释混儒""舍欲言理"，可说是宋、明理学家治学所共有的趋向。东原欲祛"以释混儒"之弊，所以痛斥理学，欲正"舍欲言理"之谬，乃作《孟子字义疏证》一书，以欲、情、知建立他的情感哲学，以代宋儒的理性哲学。他对于欲、情、理的解释：欲是"有生则愿，遂其生而备其休嘉者也。"戴著《疏证》。情是亲、疏、长、幼、尊、卑感于自然。理是尽夫情欲之微而区以分别，使而达，各如其分寸毫厘。欲不患其不及，而患其过；因为，过之必狃于私而妄乎人，其心必溺，其行必愿，所以欲不能过分。他以为人之生分于阴阳五行以为性，是以有血气心知。有血气是以有欲，有心知是以有情有知。他在《疏证》卷中说："性者分于阴阳五行，以为血气心知品物区以别焉！"又说："人生后而后有欲有情有知，三者血气心知之自然也。"给于欲的是声色臭味，因而有爱畏。发乎情的是喜、怒、哀、乐，因而有惨舒。辨于知的是美丑是非，因而有好恶。欲、情、知虽是性的原质，但其本身并无善恶，不过因人与人的关系不明，互相侵越，善恶遂生。孟子亦只是说寡欲，并非根本否认欲之无。东原在《疏证》说："记曰'饮食男女，人之大欲存焉'，圣人治天下，体民之情，遂民之欲，而王道备。"这几句充分说明饮食男女是人的大欲切不可无，只需人人能相安，不可侵越，圣人如能本此做去，王道自备。情之发动时，过与不及为恶，中节为善，而其条理则得之于知，唯知乃能辨是非，明善恶，使人人各遂其生。可见理实在情欲之中，所以他主张舍欲无理。欲、情、知既为人性之原质，人人所固有，决不可遏止，遏止则有大害，所以他说："夫遏欲之害，甚于防川，绝情去智，充塞仁义。"戴著《疏证》。既不可遏止，必须使人各得其情，各遂其欲，勿悖于道义。以上就是戴东原伦理哲学的精义。他这种理论实超脱以往的陈说而入于新的领域。

（乙）**教育的目的论**　他论教育的目的在使人的情欲发动合乎于理，使人人得遂其欲，得达其情，即是说人的饮食欲、性欲的本能等应向正当的途径发展，只可调节，决不能压抑，这与孔、孟的主张完全相同。

（丙）教育的方法论 他论教育的方法，很合于科学的研究方式；这种方法的精当，是他学问成功的唯一原因。第一，是不以人蔽己。所谓不以人蔽己，即是说自己应有主见，不可人云亦云。他说："学者当不以人蔽己，不以己自蔽；不为后世之名，亦不期后世之名；有名之见，其弊二：非掊击前人以自表暴，即依傍昔贤以附骥尾。……私智穿凿者，或非尽掊击以自表暴，积非成而无从知，先入为主而惑以终身；或非尽依傍以附骥尾，无鄙陋之心，而失与之等。……"《东原文集·答郑用牧书》。至于如何打破"人蔽"呢？他说："志存闻道，必空所依傍，汉儒训诂有师承，有时亦附会；晋人附会凿空益多，宋人则恃胸臆以为断，故其袭取者多谬，而不谬者反在其所弃。……"《东原文集》。第二，是不以自蔽。所谓不以自蔽，即是说不求客观的方法，而以主观的见解强行评断。他说："凡仆所以寻求于遗经，惧圣人之绪言开暗于后世也。然寻求而有获十分之见者，有未至十分之见者；所谓十分之见，必征古而靡不条贯，合诸道而不留余议，钜细毕究，本末兼察。若夫依于传闻，以拟其是，择于众说，以裁其优，出于空言，以定其论，据于孤证，以信其通；虽溯流可以知源，不目睹渊泉所导，循根可以达杪，不手披枝肄所歧，皆未至十分之见也。以此治经，失不知为不知之意，而徒增一惑以滋识者之辨知也。……既深思自得而近之矣，然后知孰为十分之见，孰为未至十分之见，如绳绳木，昔以为直者，其曲于是可见也；如水准地，昔以为平者，其坳于是可见也，夫然后传其信，不传其疑，疑则缺，庶几治经不害。"《东原文集·与姚姬传书》。所谓十分之见者，即是真理，未至十分之见者，即是假说。由未至十分之见的假说到十分之见的真理，实是研究学问必有之阶段。由"昔以为直，而今见其曲，昔以为平，而今见其坳"，实科学研究法的一定程序。第三，是精审。为学必须精审，否则，虽淹博，必至泛滥。他说："知十而皆非真，不若知一之为真知也。"段玉裁《经韵楼集·娱亲雅言序》。东原的学问确是精审，国学大师章太炎先生说："凡戴学数家，分析条理，参密严瑮；上溯古义，而断以己之律令，与苏州诸学殊矣。"《中国学术论著辑要诸儒》。

（丁）**结论**　东原以欲、情、知三者建立他的伦论哲学，这与近代西洋的心理学家分心之能为意志、感情、知识三部相同。他论教育的目的，实合于道德的标准。他论教育的方法，如"不以人蔽己""不以己自蔽""精审"都很合于科学的。所可惜者，他这种无征不信的精神以及科学的方法，只应用于考古，而没有用到自然科学方面。

三、王氏父子

所谓王氏父子即是高邮王念孙及其子引之是也。王氏父子为戴氏之正宗派。念孙名著为《读书杂志》《广雅疏证》，引之名著为《经义述闻》《经传释词》。二王均能不墨守陈说，对于旧注旧疏，均加以纠正，批评得失，给予后世学者偌大的便利。阮元序《经义述闻》说："凡古儒所误解者，无不旁征曲喻，而得其本义之所在。"这话真能表示王氏父子在学术上的功绩。至于王氏父子治学方法，亦很合于科学的研究。第一，是注意。凡至微之处，亦不轻易放过，而于人所未见之微妙点，发现其独到的新知。第二，是虚己。注意观察之后，遇有疑难，决不凭主观的己见轻下判断，必取客观的资料为忠实的研究。第三，是假定。即是在未研究之先，立一假定，以为立说之标准。第四，是搜证。已得一理，必须广集证据，始能置信。第五，是断案。经过证明后，知其正确后，才下断论。第六，是推论。经证明其正确后，即可下断定以此断定即可推论于相同的事项。

第五节　理学派的教育思想

我们从前文的分析，已知清代学术思想变化之趋向，实是宋、明的理学而转变到"经世致用"的汉学的路线。无疑的，在变化的过程中，汉学战线上的学者对于理学施以猛烈攻击，使理学几至完全崩溃。此时尚能坚守理学残垒，死力挣扎的，只有孙夏峰、李二曲、陆桴亭、陆稼书诸人。此理学派学者的教育思想，亦为我们不可忽视者。今略叙于下：

一、孙夏峰

孙夏峰，名奇逢，为明王学之继承者。他讲学以慎独为宗，而于人伦日用间，体认天理。论教育多以阳明的思想为本，兼取朱学。

二、李二曲

李二曲，字中孚，他治学以陆、王为体，程、朱为用。他说："学者当先观象山、慈湖、阳明、白沙之书，阐明心性，直指本初，以洞斯道之大源，然后取程、朱、康斋之书，玩索以尽践履之功，否则醇谨者乏通慧，颖悟者难异端。"《汉学师承记》。其论教育的目的在正人心，所以他说："天下大本，人心而已矣。是故天下治乱视人心；人心邪正视学术。"《汉学师承记》。论教育的方法在静坐观心，悔过自新；前者属于知识的讲求，后者属于身心品德之修养。他说："凡学在反身，道在守约，功在悔过自新，而必自静坐观心始；静坐乃能知过，知过乃能悔，悔乃能自新。"《汉学师承记》。

三、陆桴亭

陆桴亭，名世仪，治学以程、朱为主。他论教育须教人先从小学入手，后及大学。并以立志居敬为体，以格物、致知、诚意、正心、修身、齐家、治国、平天下为用。他主张敦守礼法，讲明实用，然后渐进于天人之微，旁及百家之言。他讲学注重实用，具体的研究事理，故无空虚之弊，此为理学中之特色。

四、陆稼书

陆稼书，名陇其，他治学为笃守程、朱，凡不宗程、朱之说者，就不是正统派。他论教育的目的在求圣学。论教育的方法在居敬穷理，因为，穷理而不居敬，则玩物丧志，而失于支离，居敬而不穷理，则将扫见闻，空善恶，而堕于佛、老。

五、结论

总结孙、李、二陆诸人的主张，可知清代理学家的教育思想，不外下列几要点：第一、所宗多非明而渐返于宋，尤多治程、朱之学，更远及于汉、唐。第二、论教育的目的在使人有良善的行为，而达于圣人的境地。第三、论教育的方法，以立志居敬为主，并以致知、格物、诚、正、修、齐、治、平为修己治人之程序。

第六节　西算输入与清代的教育思想

清初，宋、元诸子的"天元一"术已失传。利玛窦于明万历辛巳年来华，与徐光启译《几何原本》前六卷，是为西算输入中国初步。利玛窦于万历丁未年作《几何原本》序称："至今世又复崛起一名士，为窦所从学几何之本师，曰丁先生。开廓此道，益多著述。窦昔游西海，所过名邦，每遭颛门名家，辙言：'后世不可知，若今世则丁先生之于几何无两也。'"清初，汤若望与清政府接洽修历，颇为当局所重。顺治乙酉年，修补历书共一百零四卷，名《西洋新法历》。同时穆尼阁居南京，以对数传授，是为对数传入中国之始。西算输入，其影响于教育思想有下列几要点：

第一，引起中、西学术之争执。西算输入后，引起中、西学术的争执颇烈。最著的为顺治末年，杨光先反对新法，清圣祖即位，囚教徒多人，死者五人，立废新法，并以杨光先继任汤若望之职。

至后南怀仁来华，力斥旧法之弊，复废旧法而行新法，自此新法遂为政府所信任。

第二，引起研究科学的兴趣。新旧法历的争执，引起中算家的努力，最著者为梅文鼎之整理西算，因当时传入的西算仅系片段。陈世仁之研究尖锥，张潮之研究排列纵横图，而以梅集其大成。梅氏居京师时，废寝忘食者四十年，著书七十余种，今传者以承学堂所刊《梅氏丛书楫要》三十九种为最完备。以后继续研究者颇不乏人，如罗士琳、戴煦之注释四元，李善兰、华蘅芳之译西算，并于几何学、割图术、曲线论、方程式、级数论、对数论、纵横圆、三角术均有详细研究。真如张之洞《书自问答》上说："五十年来，为此学者甚多。"

第三，引起研究科学的注意。中国自来忽略科学的研究，尤对于西洋文明取鄙视态度。自西算输入以后，始渐知西洋科学的义理，实较中国固有文化高深，因而由鄙视逐渐变为欢迎尊重。继后更经新知识的激荡，引起新教育的产生，其来源当不外于西算之输入。

第七节　清代教育思想的要点

归纳启蒙期、全盛期，以及理学派、西算派的教育思想，可得出数要点：

（一）清代教育思想转变的原因，实由于民族的非常转化，社会所受的刺激所致。其转变的路线，是由否定宋、明理学家的空谈虚玄之说，而从新建立以"经世致用"的汉学。

（二）启蒙期的教育思想，以"经世致用"为目的，以"博学于文""行己有耻"为方法。对于宋、明理学一部分猛烈攻击，而仍因袭其一部分，如黄梨州论教育目的仍本于王阳明的"致良知"，王船山论教育的目的在识"诚"等是。

（三）启蒙期的教育思想中第一特色，即是黄梨州的民治主义思想的出现，这种思想实是近代中国民族思想的先锋。

（四）启蒙期的教育思想中第二特色，即是颜习斋以唯生论的立场而提倡的劳动教育。他对于劳动教育的理论阐发得很详细，认为智、德、体三育如果脱离劳动，必失去其意义与价值。他不但是劳动教育的理论家，而且是个实践家。所理想的学制，最重要的亦是"艺能斋"，其科目是水学、火学、工学等。与劳动思想处于极端相反的就是宋、明理学与书本之学，这是习斋非常反对的。总之，他是以劳动为中心的一位教育思想家。

（五）全盛期的教育思想，偏重于复古，以自固壁垒，形成正统派的阵线。这时治学的方法颇有进步，如戴东原的"不以人蔽己""不以己自蔽""精审"以及王氏父子的注意、虚己、假定、搜证、断案、推论六项，都是很合于科学方法的意义。所可惜者，这种科学方法只运用于治经的狭隘领域上，而未及于科学的范围。

（六）西算的输入，对于清代的教育思想亦有很大的影响，最要的是引起新旧学术之争执，使真理愈为明鲜。其次，是引起研究西洋科学的兴趣，以及打破中国人固步自封的陋习。

（七）在以汉学为中心的清代教育思想中，理学的思想并未完全消灭，还有许多学者犹能坚守残垒，以期延续理学的生机。他们论教育的目的与方法，大都与宋、明理学家相同，更近宗于程、朱的思想。这派的思想在当时虽然没有什么作用，但是，我们亦不能忽视。

（八）清代教育思想在历史中的价值，我认为有两点：一、是继往开来的价值。所谓继往即是将中国旧有的学术，大加整理，考证真伪，校正讹误。换句话说，就是在求真，使后来学者研究学术得到许多便利。所谓开来的价值，就是接受西洋的科学文明，其步骤由怀疑而加以尝试的研究。发现其理义的精深后，乃肯置信。再由信仰的坚定，大加阐扬推广。清代时完成了由怀疑、尝试两阶段的任务，渐进于置信、推广、介绍的阶段。二、是用科学方法以研究学术的开始。中国以往的学者，姑无论其学术思想的精深与否，唯一的共同缺点，即是方法的不善。汉、唐不能有归于一的大思想家出现，即晚近的宋、明亦不能有集大成的思想家，这自然与环境有关系，然而治学的方法的不合于科学，实是主要原因。至清全盛期，诸学者受西洋文明熏染，以及考证学本身的需要，于是开始以科学方法治学，这对于近代中国学术思想的开展有很严密的关系。